30년 유아교육
전문가가 전하는

지혜로운 양육
뿌리 깊은
아이로 키우기

아이는 사랑의 언어로
다시 피어납니다

박송자 지음

지혜로운 양육

뿌리 깊은 아이로 키우기

발 행 일	2025년 9월 21일
지 은 이	박송자
편 집	권 혁
디 자 인	김현순
발 행 인	권경민
발 행 처	한국지식문화원
출판등록	제 2021-000105호 (2021년 05월 25일)
주 소	서울시 서초구 서운로13 중앙로얄빌딩 B126
대표전화	0507-1467-7884
홈페이지	www.kcbooks.org
이 메 일	admin@kcbooks.org
ISBN	979-11-7190-146-3

ⓒ 한국지식문화원 2025
본 책 내용의 전부 또는 일부를 재사용하려면
반드시 저작권자의 동의를 받으셔야 합니다.

부모와 교사를 위한 유아교육 지침서

30년 유아교육
전문가가 전하는
지혜로운 양육
뿌리 깊은
아이로 키우기

아이는 사랑의 언어로
다시 피어납니다

박송자 지음

한국지식문화원
BOOK PUBLISHING

추천사

　우리가 많은 지혜를 구하지만 '자녀양육의 지혜'만큼 소중한 것은 없을 것이다.
　어린이를 보는 즐거움이 세상에서 가장 빛나는 기쁨 중 하나라고 할 정도로 자녀는 기쁨의 선물이니 어느 부모나 자녀를 잘 키우고 싶은 마음은 끝이 없을 정도이다.
　「지혜로운 양육 - 뿌리 깊은 아이로 키우기」는 마치 방실방실 웃는 아이의 마음을 대하듯 따뜻한 언어로 자녀양육의 방법과 실천 사항을 말해주고 있다.
　이 책을 읽으면서 각인될 정도로 가장 많이 와닿은 것은 마음 - 말 - 공감 - 인성 같은 단어이다. 각 단어들은 저자의 유아교육에 대한 오랜 경험과 배움으로 그야말로 따뜻한 말로 독자의 마음과 머리를 새로 개간시키며 지혜라는 양분을 넣어주는 듯하다.
　마음에서 관계로, 마음을 지킴, 사랑받은 기억이 마음을 부드럽게, 부모의 마음이 먼저 부드러워져야, 아이의 마음에 부드러운 씨앗을 심자, 어떤 행동을 하느냐보다 더 중요한 것은 어떤 마음을 품고 있느냐라고 풀어나간다.

그리고 유아교육에서 무엇보다 말의 중요성을 강조하고 있다. 말에는 힘이 있다, 말은 뇌와 감정에 영향을 준다, 따뜻하고 생명을 살리는 말은 부모와 자녀 간의 신뢰와 애착을 단단하게 만든다. 가정의 언어습관을 진단하고 관계를 세우는 언어습관을 기르기 위해 제시한 팁들은 매우 상큼한 조언이다.

두뇌과학에서 배우는 지혜에서도 뇌과학이 말하는 공감하는 양육, 공감은 교육의 본질, 뇌를 키우는 공감 대화 실천 팁, 감정코칭의 예시와 실천 가이드는 뇌 발달에 맞춘 교육의 전략으로 매우 유용하다.

아이들의 문제행동은 대부분 부모와의 관계를 포함하여 가정에서 발생하는 상황이 불안하거나 불안정할 때 일어난다고 한다. 특별히 이 책의 각 절의 끝에 나오는 실제 양육에서 적용 사례를 통한 실천 활동은 비단 어린 자녀를 양육하는 부모만이 아니라 우리 모두의 대인관계에서 실수를 막거나 바로잡아 줄 각성의 지침인 듯하여 감사를 보낸다. 인생의 선물인 자녀를 하나님의 시선으로 '뿌리 깊은 아이'로 양육하는 것이야말로 하나님께 드리는 기쁨일 것이다.

정현미
이화여대 로스쿨 명예교수

프롤로그

무심코 던진 습관적인 한마디의 말,
별 의미를 두지 않았다고 하지만 생각 없이 던진 말
화난 감정 속에서 쏟아낸 말들이
아이의 마음에 상처가 되어 남습니다.

이는 마치
모래를 습관적으로 뿌림 같이
날카로운 칼날에 베이듯 아파하기도 합니다.
하지만 우리는 그 아픔을 종종 놓치곤 합니다.
눈에 보이지 않기 때문입니다.

어린아이는 상처를 말로 설명하지 못합니다.
그 대신 딱딱해진 마음, 굳어버린 표정,
불안한 행동이나 침묵으로 나타납니다.
그리고 시간이 흘러
그 흔적은 소아 정신과의 이름으로 불리기도 합니다.
하지만 희망은 있습니다.

아이는 사랑의 언어로 다시 피어납니다.
엄마의 따뜻한 눈빛,
아빠의 믿어주는 한마디,

선생님의 격려와 공감의 태도는
아이가 다시 마음을 열고
세상을 신뢰할 수 있는 뿌리가 됩니다.

긍정의 말 한마디가
아이의 시냅스를 깨우고,
마음밭에 사랑과 믿음의 씨앗을 심습니다.

부모님과 선생님의 말씀은
그 자체로 교육이며, 사랑입니다.
당신의 한마디는
아이의 마음에 머물러 평생을 살아갑니다.
우리가 함께 전하는
부드럽고 따뜻한 말 한마디가

아이의 미래를 비추는 등불이 됩니다.

저자 박송자

TABLE OF
CONTENTS

제1장.
인성교육의 지혜 : 흔들리지 않는 뿌리 교육

1-1 인성교육의 지혜 - 흔들리지 않는 뿌리 교육 14
1-2 부드러운 마음 - 인성교육의 첫걸음 19
1-3 딱딱한 마음 - 굳어버린 감정, 멈춘 관계 24
1-4 공감 - 마음을 연결하는 언어 (사랑) 29
1-5 정서 지능 - 공감과 놀이 속에서 35
1-6 관계 - 장점 찾기 40
1-7 인사 - 마음을 여는 열쇠 45
1-8 감사 - 행복을 선물하는 마법 49

제2장.
자녀 양육의 지혜 : 인문학과 함께

2-1 인문학에서 지혜 찾기 56
2-2 그림책 - 유아의 마음을 여는 열쇠 61
2-3 미술 놀이와 자아 발견 - 이미지 언어와 이야기 67
2-4 음악 놀이와 정서 교감 - 소리로 연결되는 우리 73
2-5 숲과 생태 이야기 - 자연은 아이의 스승 78
2-6 놀이, 인문학의 첫걸음 - 유아 놀이의 의미 83
2-7 프로젝트 기반 - 묻고 탐구하는 아이 88
2-8 시민의식 키우기 - 함께 살아가는 힘 95

제3장.

성경에서 배우는 통찰 : 조건 없는 사랑

3-1 하나님 사랑 - 부모님 사랑 닮은꼴 104

3-2 성경의 지혜 - 시대를 뛰어넘는 진리 109

3-3 부드럽고 따뜻한 언어 - 관계의 틀 세우기 114

3-4 하나님의 형상으로 지어진 존재 - 어떻게 키울까 120

3-5 심은 대로 거둔다 — 삶과 교육의 변하지 않는 원리 125

3-6 훈육 - 사랑 안에서 이루어진다 131

3-7 아이의 마음을 읽는 부모 - 하나님의 시선으로 바라보기 137

3-8 말씀으로 길을 비추다 - 등불이 되는 교육 142

제4장.

두뇌 과학에서 배우는 지혜 : 뇌 발달에 맞춘 교육 전략

4-1 두뇌 과학 - 발달에 맞춘 교육 전략 150

4-2 뇌 발달의 민감기 - 0~7세의 중요성 155

4-3 감정을 다루는 뇌 - 공감하는 부모 162

4-4 말 한마디가 뇌를 바꾼다 - 말에 반응하는 유기체 169

4-5 놀이 - 뇌의 종합 훈련소 175

4-6 습관 - 뇌의 자동화 전략 181

4-7 스마트폰 시대 - 뇌를 지키는 양육 187

4-8 부모의 뇌가 자녀의 뇌를 키운다 192

제5장.

유치원과 함께하는 지혜 :

교사는 두 번째 부모, 부모는 첫 번째 교사

5-1 함께 키우는 마음 - 한 아이를 키우려면 온 마을이 필요하다 200

5-2 가정과 유치원의 언어가 통할 때 - 아이는 혼란스럽지 않다 205

5-3 기본 생활 습관 만들기 - 건강한 생활의 기초 210

5-4 긍정적인 지지와 격려 - 함께 하기 215

5-5 문해력과 언어 발달 - 생활 속에서 함께 하기 221

5-6 창의성과 표현력 - 가정과 유치원이 함께하는 지혜 227

5-7 함께 키우는 미래 - 유치원과 가정을 잇는 교육의 다리 233

5-8 교사는 두 번째 부모, 부모는 첫 번째 교사
　　　- 함께 키우는 지혜 238

제1장.
인성교육의 지혜 :
흔들리지 않는 뿌리 교육

인성교육의 지혜 :
흔들리지 않는 뿌리 교육

가정의 웃음, 성스러운 즐거움

"세상에는 여러 가지 기쁨이 있지만,
그 가운데 가장 빛나는 기쁨은 가정의 웃음이고,
그다음의 기쁨은 어린이를 보는 즐거움이다."
-페스탈로치-

페스탈로치의 이 말에 많은 부모들이 깊이 공감할 것입니다. 저 역시 첫 손녀가 태어난 후, 우리 가정에 찾아온 따뜻한 변화와 웃음은 말로 표현할 수 없을 만큼 소중합니다. 사진 한 장만 보아도 입가에 미소가 번지고 마음이 환해지니, 이것이 바로 그가 말한 '성스러운 기쁨'이 아닐까 생각합니다. 20대부터 지금까지 어린이들과 함께 지내온 저는 이 기쁨을 평생 누려온 행복한 사람입니다.

이처럼 자녀는 가정에 웃음을 선물하고, 부모에게는 삶의 의미와 기쁨을 선물합니다. 그리고 그 자녀의 행복한 미래와 성공적인 삶은 모든 부모의 간절한 바람일 것입니다. 아이들과 함께하는 교사들 역시 같은 마음입니다. 교육의 목적은 결국, 아이들이 삶을 사랑하며 살아갈 수 있도록 돕는 데 있기 때문입니다.

기술 시대일수록 중요한 '사람다움'

지금은 디지털 혁명 시대입니다. 기술이 인간의 삶 전반을 바꾸고, 인공지능이 사람의 역할을 대체하는 변화 속에서 우리는 새로운 질문 앞에 서게 됩니다. 과연 이 시대를 살아갈 자녀들에게 진정으로 필요한 것은 무엇일까요?

단순한 지식과 정보 전달은 더 이상 교육의 본질이 될 수 없습니다. 오히려 사람다움과 공감 능력, 창의성, 관계 맺는 힘이 중심이 되어야 합니다. 인성은 빠르게 변하는 기술 중심 사회 속에서도 아이가 중심을 잃지 않도록 돕는 나침반이자 삶에 근간이 됩니다.

인성은 일부 타고나는 특성도 있지만, 대부분은 가정과 사회에서의 경험과 배움을 통해 형성됩니다. 아무리 지식이 많아도 인성이 부족하면 관계가 깨지고, 사회 적응에 어려움을 겪으며, 결국 삶의 만족도 낮아질 수 있습니다. 반면 따뜻한 마음과 성실한 태도는 어려움을 이겨내는 내면의 힘이 되어, 타인과 건강한 관계를 맺는 바탕이 됩니다.

인성은 삶의 뿌리, 마음을 가꾸는 교육

기술 중심의 사회일수록 인간의 마음을 이해하고, 서로 연결되는 능력은 더욱 소중해집니다. 이 능력은 유아기, 그리고 부모의 따뜻한 반응 속에서 자랍니다. 아이는 사랑받으며 자라고, 사랑을 배워 세상과 관계를 맺을 준비를 합니다. 인성은 지식보다 먼저 심어야 할 '삶의 뿌리'입니다.

유아기는 인성교육의 기초가 형성되는 결정적 시기이며, 이 시기의 아이들은 감정 표현과 공감, 규칙과 같은 사회적 개념을 처음 배우기 때문에 부모의 반응과 양육 환경은 그들의 성품 형성에 결정적 영향을 줍니다. 아이의 마음을 민감하게 읽고 따뜻하게 반응하는 부모는 아이의 공감 능력을 키워줍니다. 실수했을 때 비난하기보다 함께 돌아보는 대화를 나누는 태도는, 문제 해결력과 자존감을 자라게 합니다.

아이는 사랑받고 존중받는 경험 속에서 인성의 씨앗을 틔우고, 그 감정을 통해 건강한 관계를 배우며 삶의 태도를 형성하게 됩니다. 이는 단지 성격 형성에 그치지 않고, 학문적 성취, 창의성, 대인관계 능력의 중요한 밑거름이 됩니다.

마음을 지키는 것이 먼저입니다

"모든 지킬 만한 것보다 더욱 네 마음을 지키라
생명의 근원이 이에서 남이니라."
-잠언 4:23

이 말씀은 인성교육의 출발점이 되는 귀한 가르침입니다.

성취나 물질보다 먼저 마음을 지키라는 성경의 권면은, 우리가 아이에게 가르쳐야 할 가장 중요한 원칙입니다. 마음이 정직하고 따뜻하면 행동도 바르고 자연스럽게 이어 지지만, 마음이 상하면 삶 전체가 흔들릴 수 있습니다. 인성교육은 결국, 아이의 마음을 살피고 보호하는 일에서 시작해야 합니다.

좋은 성품은 단지 훈련으로만 길러지는 것이 아닙니다. 마음이 변화되고 다듬어질 때 그 열매로 나타납니다. 아이의 말이나 행동보다 그 안에 있는 마음을 먼저 바라보아야 하는 이유입니다. 사랑받고 있다는 확신 속에서 정서적 안정감을 느끼는 아이는 감정을 조절하고, 타인을 배려하며, 옳고 그름을 스스로 분별할 수 있는 힘을 갖게 됩니다.

시대의 핵심 역량 - 공감력

현대 사회가 요구하는 핵심 역량 중 하나는 공감력입니다. AI가 아무리 발달해도, 사람의 마음을 진심으로 이해하고 공감하는 능력은 인간만이 지닌 고유한 능력입니다. 영유아기는 공감력이 형성되는 결정적 시기로 부모와의 애착과 부모의 공감적 언어 반응이 아이의 공감력을 자라게 합니다.

가정은 인성교육의 첫 번째 학교입니다. 하나님은 부모에게 자녀를 맡기셨고, 가정은 가장 강력한 인성교육의 현장입니다. 부모의 말투, 감정 표현 방식, 갈등 해결 방식, 약한 사람을 대하는 태도 이 모든 것이 아이에게 삶의 기준이 됩니다. 성경은 말합니다.

"무릇 마음에 가득한 것을 입으로 말하게 되나니"
(누가복음 6:45)

아이는 부모의 말과 행동에서 마음을 배우고, 삶의 태도를 익혀 갑니다.

결국, 인성은 '마음에서 관계로' 흐릅니다

마음에서 출발한 인성은 아이의 언어와 행동, 친구와의 관계 속에서 자연스럽게 드러납니다. 정직한 아이는 신뢰를 얻고, 배려 깊은 아이는 친구를 만들며, 감정을 조절할 줄 아는 아이는 실패 속에서도 다시 일어납니다. 기술이 아무리 고도로 발달해도, 결국 세상은 지식보다 '사람됨과 마음의 힘'을 더 깊이 요구하게 됩니다.

인성은 경험 속에서 자랍니다. 안정된 애착을 가진 아이는 세상과 사람을 신뢰하게 되고, 사랑받는 경험은 정서적 안정감으로 이어집니다. 친구와 놀고, 다투고, 화해하고, 나누는 모든 순간이 성장하고 배우는 시간이며, 인성의 뿌리를 내리는 과정입니다.

인성교육은 단순히 행동을 교정하는 것이 아닙니다. 마음을 지키고, 가꾸는 일이며, 아이의 자아와 성품을 세우는 '뿌리 교육'입니다. 이 뿌리는 아이를 평생 지탱해주는 생명의 힘이 됩니다.

결정적 시기에 필요한 가정의 역할

특히 2세에서 7세까지는 인성 형성의 결정적 시기입니다. 이 시기에 경험한 사랑, 존중, 갈등 해결 방식은 아이의 평생 성품에 깊은 영향을 미칩니다.

디지털 시대를 살아가는 아이들은 자극적인 영상과 콘텐츠에 쉽게 노출됩니다. 그래서 부모는 무엇을 보게 할지, 누구와 시간을 보내게 할지에 대해 더욱 세심한 판단이 필요합니다.

아이는 보고 듣는 것을 통해 감정을 배우고, 타인의 감정을 이해하며, 공감 능력을 키웁니다. 소리를 지르거나 조롱하고 무시하는 부정적인 표현은 아이에게 그대로 모델링 되어 공격적이거나 위축된 성향으로 이어질 수 있습니다. 부모의 선택이 곧 아이의 마음을 채우는 재료가 됩니다.

부부는 자녀에게 관계의 원형입니다. 서로를 존중하고 배려하는 부부의 모습은, 부모-자녀 관계, 나아가 자녀와 세상의 관계 속에서도 이어지는 인성의 뿌리를 형성합니다.

부드러운 마음 :
인성교육의 첫걸음

마음은 인성교육의 뿌리입니다

아이의 생각, 감정, 태도는 모두 마음에서 시작됩니다.

인성교육이란 바로 이 마음을 따뜻하고 건강하게 자라도록 돌보는 과정입니다.

성경은 "마음에 쌓인 선에서 선이 나온다"라고 말합니다.

결국, 좋은 인성의 씨앗은 마음이라는 밭에 뿌려지는 것이며, 그 밭이 부드럽고 기름진 흙일수록 인성도 아름답게 자라납니다.

이 부드러운 마음은 타고나는 것이 아니라, 경험 속에서 형성됩니다. 부모의 공감 어린 말, 교사의 따뜻한 눈빛, 함께해주는 시간 속에서 아이는 "받아들여지는 경험"을 하며 마음이 서서히 부드러워집니다.

사랑받은 기억이 마음을 부드럽게 만듭니다

아이의 행동 이면에는 언제나 감정이 있습니다. 그 감정을 알아차려 주고, 함께 공감해주는 어른과의 관계 속에서 아이는 "이해받는 기쁨"을 배우고 마음이 부드러워집니다.

부드러운 마음은 혼자 자랄 수 없습니다. 사랑과 기다림, 진심

어린 관심 속에서 함께 자랍니다. 이렇게 자란 아이는 타인을 배려하고, 자신의 감정을 알아차리며, 세상과 따뜻하게 연결되는 사람으로 성장합니다.

봄의 흙처럼, 마음도 햇살을 만나야 부드러워집니다
    유치원에서는 봄이 되면 씨앗 심기를 합니다. 아이들은 부드러운 흙 속에 씨앗을 심고 기다립니다. 하지만 겨울 동안 얼어붙은 땅은 단단해서 씨앗을 심을 수 없습니다. 먼저 따뜻한 햇볕이 그 땅을 녹이고 흙을 부드럽게 만들어야 하지요.
    아이의 마음도 마찬가지입니다. 마치 햇살 같은 따뜻한 말 즉, 격려와 지지의 말, 따뜻한 눈빛, 공감의 태도는 마음을 열고 부드럽게 만듭니다. 이런 말은 자존감을 높이고, 건강한 관계를 형성하는 토대가 됩니다.
    마음은 씨앗을 받아들이는 흙이면서, 동시에 삶의 열매를 자라게 하는 뿌리입니다.
    반대로, 찬바람 같은 말은 마음을 다치게 하거나, 마음을 움츠리게 합니다.
    비난과 평가, 무시와 깎아내리는 말로
    "넌 도대체 왜, 늘 그래?",
    "왜 그렇게 했니?",
    "말 안 해도 뻔하지."
    아이의 마음을 닫게 만들고, 자존감에 상처를 남깁니다. 겨울바람에 땅이 얼듯이, 마음도 차가운 말에 굳어버립니다.

부모의 마음이 먼저 부드러워져야 합니다
루돌프 드라이커스는 말했습니다.
"아이의 마음에 친절을 심으려면, 먼저 어른의 마음이 부드러워져야 한다."

아이를 키운다는 것은 아이만 성장시키는 일이 아닙니다. 부모인 나 자신도 함께 자라고 성숙해지는 여정입니다.

아이의 마음을 다정하게 감싸주고 싶다면, 먼저 내 마음을 부드럽고 따뜻하게 다독여야 합니다. 부모의 따뜻한 말과 태도는 고스란히 아이에게 전해집니다. 그렇게 자녀와 부모가 함께 성장하는 것이 인성교육의 진정한 시작입니다.

부드러운 마음은 몸의 건강과도 연결됩니다

"선한 말은 꿀송이 같아서 마음에 달고 뼈에 양약이 되느니라."
- 성경 잠언 16장 24절

부드러운 마음에서 나오는 선한 말은 단지 정서적으로 유익할 뿐만 아니라, 신체 건강에도 깊은 영향을 줍니다. 감정은 뇌와 신경계, 호르몬, 면역체계에 연결되어 있기 때문입니다.

스트레스를 받을 때 분비되는 코르티솔은 면역력을 떨어뜨리고 염증을 유발합니다. 반면,

웃음과 안정감 속에서 분비되는 엔도르핀과 세로토닌은 질병의 저항력을 높여줍니다.

심리학자 루이사 헤이는 말합니다. "몸이 아플 때는 마음을 돌보세요. 마음이 아플 때는 몸도 쉬게 하세요."

또, 하임 기너트도 말했습니다. "감정은 마음의 언어이며, 몸은 그 언어의 통역자다."

건강이란 단순히 질병이 없는 상태가 아니라, 신체적·정신적·사회적으로 안녕한 상태입니다. 아이의 마음을 부드럽고 따뜻하게 돌보는 것은, 곧 아이의 전인적인 건강을 지키는 일이기도 합니다.

많은 이들이 인성교육을 '예의 바르게 행동하기'나 '바른말을 쓰기'로 이해하지만, 진정한 인성은 마음에서 시작됩니다. 말로 가르치는 인성은 일시적이지만, 경험으로 느낀 인성은 오래 지속됩니다.

아이에게 "이럴 땐 이렇게 해야 해"라고 가르치기보다,
"지금 네 마음은 어때?", "친구는 어떤 기분이었을까?"라고 물어보는 것이 더 깊은 인성의 씨앗을 심는 길입니다.

인성은 혼자 자라지 않습니다. 갈등하고, 속상해하고, 화해하고, 함께 웃는 경험 속에서 아이는 사람을 어떻게 대해야 하는지 배워 나갑니다.

함께 자라는 인성, 부모는 동반자입니다
인성은 가르치는 것이 아니라, 관계 속에서 스며드는 것입니다.

*아이의 감정에 귀 기울일 때
*실수한 아이를 품어줄 때
*어른이 먼저 "미안해"라고 말할 때

이 모든 순간에 인성은 말없이 전해지고, 따뜻한 관계 속에서 자연스럽게 자랍니다. 인성은 사랑, 존중, 공감, 책임감 같은 덕목이 반복적인 경험과 관계 속에서 자라나는 '삶의 태도'입니다.

정서 지능이 높은 아이가 행복하고 성공합니다

정서 지능 연구로 유명한 대니얼 골먼 박사는 말합니다.

"성공하고 행복한 사람들의 공통점은 지능지수(IQ)가 아닌 정서 지능(EQ)이 높다는 것이다."

정서 지능이란 자기감정을 인식하고 조절하며, 타인의 감정을 이해하고 관계를 긍정적으로 이끄는 능력입니다.

존 볼비(John Bowlby)와 메리 에인스워스(Mary Ainsworth)의 애착 이론에 따르면, 아이는 부모(또는 돌봄자)와의 안정적이고 따뜻한 관계 속에서 자기감정을 신뢰하고 표현하는 능력을 발달시킵니다.

이처럼 정서 지능의 출발점은 부드러운 마음, 다시 말해 사랑받고 이해받은 경험이 쌓인 마음입니다. 인성은 머리로 외우는 지식이 아니라, 마음으로 느끼고 관계 안에서 자라는 것입니다. 부모의 따뜻한 말과 태도, 기다려주는 인내, 다정한 시선 속에서 아이의 마음은 햇살을 만나고, 인성의 씨앗은 자라납니다. '어떤 행동을 하느냐'보다 더 중요한 것은, '어떤 마음을 품고 있느냐'입니다.

딱딱한 마음 :
굳어버린 감정, 멈춘 관계

굳어버린 마음, 멈춘 감정

사람의 마음은 본래 부드럽고 따뜻합니다. 특히 아이들의 마음은 사랑과 관심 속에서 무한한 가능성으로 자랍니다. 그러나 어떤 상황에서는 마음이 단단히 굳어버리기도 합니다.

관계에서 받은 상처, 반복된 무시와 비난, 감정이 억눌리는 경험들이 아이의 마음을 서서히 닫히게 만듭니다.

이런 상태를 감정의 경직(Emotional Rigidity)이라고 부를 수 있습니다. 감정심리학자 다이애나 바움린드(Diana Baumrind)는 "감정이 지속적으로 억제되면 아이의 자기 조절 능력뿐 아니라 사회적 유대 형성에도 부정적인 영향을 끼친다"라고 말했습니다.

어른들이 보기에는 사소해 보일 수 있는 일들이 아이에게는 큰 상처가 됩니다. 감정이 표현되지 못하고 쌓이게 되면, 마음은 점차 굳어지고, 결국 감정도 관계도 멈춰버립니다.

사랑을 주고받아야 할 시기에 아이의 감정은 굳어가고, 그 마음은 말이 아니라 태도와 행동으로 나타납니다. 딱딱한 마음은 상처받은 경험과 무시당한 기억이 많을수록, 부정적 경험의 누적이 마음을 방어적으로 굳어지게 합니다.

비난의 언어가 만드는 감정의 벽

"그까짓 일로 왜 울어?", "넌 왜 항상 그래?"

이런 말은 아이의 행동을 훈육하는 것처럼 보이지만, 실상은 아이의 존재 자체를 부정하는 말이 될 수 있습니다. 비난은 감정을 존중하지 않고 억누르게 만들며, 아이는 반복적으로 상처받게 됩니다. 비난은 반성을 유도하는 말이 아니라, 방어를 유도하는 말입니다.

아이들은 자신을 보호하기 위해 마음을 닫거나, 감정을 숨기려 합니다. 그 결과, 행동은 점점 왜곡되고 마음은 더더욱 굳어갑니다. 정서적 표현과 신뢰 형성에 어려움을 겪는 아이로 자랄 수 있습니다.

아이는 속으로 이렇게 말합니다:
"난 너무 슬퍼."
"이렇게 화나는데, 아무도 알아주지 않아."

부모는 감정의 문을 닫는 대신, 먼저 그 문을 열어주는 역할을 해야 합니다. "무슨 일이 있었니?", "기분이 어때?"라고 물어보는 그 한마디가 아이의 굳은 마음을 녹이는 열쇠가 됩니다.

비난은 사람을 바꾸는 힘이 아니라 사람을 멀어지게 만드는 힘이고, 비난은 그 행동을 반성하기보다는 자신을 방어하거나 숨기려는 마음이 생긴답니다.

결국, 잘못은 사라지지 않고 정서적 거리만 멀어지는 결과를 만든답니다. 비난은 행동을 문제 삼지만, 수용은 그 마음을 이해하려고 합니다. 비난은 순간의 감정을 쏟아내는 것에 불과합니다.

비교의 언어가 남기는 그림자

비교는 겉으로는 동기를 주는 말처럼 보일 수 있지만, 그 말 뒤에 아이는 깊은 상처를 받습니다.

"형은 잘하는데 넌 왜 그래?", "누구는 벌써 글을 읽는다더라"라는 말은 결국 아이에게 '나는 나로서는 부족하다'라는 메시지를 전달합니다.

이런 말은 다음과 같은 심리적 그림자를 남깁니다.
* 자기 부정, "나는 누군가가 되어야 사랑받는다."
* 조건부 사랑, "잘해야만 인정받는다."
* 내면 불안, "지금의 나는 괜찮지 않다."

이러한 비교는 아이의 자존감을 무너뜨리고, 사랑을 경쟁으로 오해하게 합니다.

비교는 그 차이를 "문제"로 보지만, 이해는 그 차이를 "특징"으로 바라봅니다. "너는 너대로 참 괜찮아." 이 말 한마디가 비교의 말로 차갑고 딱딱해진 마음을 부드럽게 해주고 자신감과 자존감이 자랍니다.

부모의 말에는 엄청난 힘이 있고 이것은 아이의 내면이 됩니다. "나는 누구와도 비교되지 않아도 괜찮은 존재야." 이 믿음을 주는 것이 부모가 줄 수 있는 가장 큰 선물입니다.

감정을 묻는 언어가 마음을 열게 한다

딱딱한 마음을 부드럽게 만드는 열쇠는 '질문'입니다.

"무슨 일이 있었니?", "어떤 마음이 들었어?", "화가 났겠다." 같은 말은 감정을 열어주는 문이 됩니다. 아이는 감정의 표현을 통해 마음이 열리고 감정을 표현하는 법을 배웁니다.

딱딱한 마음을 돌리는 것은 거창한 방법이 아닙니다. 감정을 알아주는 단순한 말 한마디, 기다려주는 태도, 그리고 진심 어린 눈빛이 아이의 마음을 녹입니다. 감정은 말해줄 때 치유되고, 이해받을 때 부드러워집니다.

감정은 표현되지 않으면 내면에 얼음처럼 얼어붙습니다. '슬픔'은 말해지지 않으면 체념이 되고, '분노'는 억눌리면 공격성으로 바뀝니다. 반복되는 억압 속에 아이는 자신의 감정을 감추고, 마음을 닫으며, 점차 감정을 느끼는 능력 자체가 무뎌지게 됩니다.

표현되지 못한 감정은 마음속에 쌓여, 언젠가 행동으로 터지게 됩니다. 그 행동은 종종 문제행동으로 보이지만, 실제로는 '도와달라'는 외침일 수 있습니다.

부모는 마음을 여는 열쇠를 쥐고 있다

딱딱한 마음은 부모의 기다림과 공감으로 다시 부드러워질 수 있습니다. 아이는 감정이 존중받는 경험을 통해 다시 세상을 신뢰하기 시작하고, 자신을 표현할 수 있다는 안정감 속에서 자존감이 자라납니다.

부모는 질문으로 마음의 문을 열 수 있습니다. "무슨 일 있었니?" 혹은 "지금 기분이 어때?"

아이의 감정에 말을 걸어야 합니다. "많이 속상한가 보다." 감정을 말로 풀 수 있도록 돕는 것이 바로 인성교육의 시작입니다. 단순한 조언이나 지시가 아니라, 감정을 읽고, 기다리고, 함께 느껴주는 태도가 중요합니다.

자연에서 배우는 인성교육

한 아이는 나팔꽃처럼 조용히 피고, 또 다른 아이는 해바라기처럼 활짝 핍니다. 모두 때에 따라 제 모습대로 피는 것이 자연의 이치입니다. 부모가 할 일은 꽃을 억지로 피우게 하는 것이 아니라, 햇살을 주고, 물을 주고, 기다려주는 일입니다.

나팔꽃과 해바라기꽃의 모양이 서로 다르지만, 나팔꽃의 아름다움을 해바라기의 아름다움과 비교하지 않습니다. 나만의 아름다움과 사랑스러움이 모두 다름을 인정하고 우리는 즐거워하니까요. "해바라기가 나팔꽃을, 나팔꽃이 해바라기를 흉내 내려고 하거나 부러워한다면 어떨까?" 하고 질문을 하면 유치원의 아이들도 "아니요."하고 웃으며 대답합니다.

자연은 어른뿐만 아니라 아이들에게도 소중한 진리들을 쉽게 가르쳐 주고, 있는 그대로의 나를 자랑스러워하게 합니다. 딱딱한 마음은 멈춘 관계를 만들고, 부드러운 마음은 따뜻한 세상을 엽니다.

감정을 표현하고, 이해받고, 다시 연결될 수 있는 경험이야말로 아이에게 가장 소중한 인성의 씨앗입니다. 우리는 지금, 아이의 마음 밭에 그 씨앗을 심고 있습니다. 인성교육은 멀리 있는 것이 아닙니다. 오늘 하루, 아이의 감정에 마음을 기울이고, 말 한마디를 바꾸는 것에서 시작됩니다.

공감 :
마음을 연결하는 언어 (사랑)

공감, 감정을 읽고 마음을 잇는 힘

자녀와의 소통에서 '공감의 언어'는 부모와 아이의 마음을 이어주는 따뜻한 다리입니다. 이는 인간관계의 시작이며, 사람 사이의 정서를 연결해 주는 소중한 기술입니다. 공감이라는 작은 씨앗이 마음에 뿌려지고 자랄 때, 우리는 타인을 이해하고, 정서적으로 안정된 인간관계를 형성할 수 있게 됩니다. 사회적 유대와 협력, 배려와 책임 같은 인성의 열매도 이 뿌리 위에서 맺히는 것입니다.

위대한 발명과 창조의 순간들조차도, 결국은 사람을 향한 깊은 공감에서 비롯되었다는 사실을 기억해야 합니다. 인간다움의 핵심에는 언제나 타인을 이해하고자 하는 마음이 있습니다.

공감은 어떻게 시작되는가?

공감은 감정과 필요를 바라보는 '따뜻한 시선'에서 출발합니다. 상대의 감정을 이해하고 존중하려는 자세는 아이의 마음을 열고, 정서 발달의 건강한 기초를 형성하게 합니다.

특히 아이가 자신의 감정을 공감받을 때, 비로소 자신의 내면을 들여다볼 수 있게 되며, 점차 자기조절 능력을 키우게 됩니다. 감정에 이름을 붙이고, 그 감정을 안전하게 표현하는 경험을 통해 아이는 정서 지능을 발전시켜 나갑니다.

예를 들어, 아이가 친구에게 장난감을 빼앗겨 화가 나 손으로 밀었다면, 우리는 단순히 폭력적인 행동을 했다고 단정하기보다는, "감정을 어떻게 표현해야 할지 몰랐구나"라고 바라봐야 합니다. 이처럼 감정의 원인을 먼저 이해하고, 그 감정을 표현하는 방식을 배울 수 있도록 돕는 것이 공감입니다.

감정을 읽는 언어 - 공감적 반응의 힘

공감은 거창한 훈육 방식이 아닙니다. 부모가 아이의 마음을 가만히 읽고, 그 감정을 언어로 대신 표현해 주는 것에서 시작됩니다.

"화가 났구나. 친구가 네 장난감을 가져가서 속상했지."
"그럴 땐 어떻게 말하면 좋을까?"

이처럼 아이의 감정을 먼저 인정하고, 차분히 대화를 이어가면, 아이는 자신의 마음을 이해받았다는 안정감 속에서 점차 적절한 감정 표현과 행동을 배워나갑니다.

공감의 언어는 이렇듯 다릅니다.

"왜 화를 내니?" 하고 다그치기보다
→ "무슨 일 있었니? 많이 화가 났네!."
"그런 마음 가지면 안 돼." 하고 억누르기보다
→ "그럴 수 있어. 엄마도 그런 적 있어."

이처럼 공감적 언어는 아이가 감정을 마주하고, 반응하며, 지혜롭게 선택하는 연습을 할 수 있도록 이끌어 줍니다. 이러한 순간들이 쌓이며, 타인의 감정에도 민감하게 반응할 수 있는 공감 능력의 밑거름이 됩니다.

공감은 자라는 능력입니다

공감은 타고나는 것이 아니라 경험을 통해 자라는 능력입니다. 아이는 자기중심적인 시기를 지나며, 점차 타인의 마음을 이해하는 존재로 성장해 갑니다. 특히 2세에서 7세까지는 감정을 인식하고, 타인의 감정을 알아차리는 기초를 다지는 결정적 시기입니다.

나이에 따른 공감 능력의 발달 단계를 보면 다음과 같습니다.

1~2세: 또래가 울면 함께 울거나 멈칫하는 모습
3~4세: 다른 사람의 감정을 눈치채고 말로 표현하기 시작
5~7세: 감정의 원인을 이해하고, 상황에 맞는 반응 보이기

아이가 속상해할 때,
"왜 그랬어?" 하고 다그치기보다,
"그럴 수 있겠다. 마음이 어땠어?"
"그 친구 마음은 어땠을까?" 하고 물어보신 적이 있으신가요?

이러한 질문 하나, 반응 하나가 공감의 씨앗이 됩니다.
부모의 따뜻한 말 한마디, 교사의 기다림의 한순간이 아이의 내면에서 '나도 이해받을 수 있는 존재'라는 확신으로 자라납니다.

공감은 단순히 감정을 인정하는 데 그치지 않고, 사람과 사람 사이에 감정의 다리를 놓아 줍니다. 이 다리가 튼튼할수록 아이는 갈등 속에서도 타인을 이해하고, 자신의 감정을 억누르지 않고 표현할 수 있습니다. 그렇게 자란 아이는 더 따뜻하고 건강한 사람으로 성장하게 됩니다.

아이 삶에서 가장 중요한 것은 지식보다 먼저 사람과의 연결입니다. 그 연결의 첫걸음이 바로 '공감'입니다.

공감의 실천 – 감정을 읽어주는 일부터

공감을 실천하기 위해 부모와 교사가 할 수 있는 가장 기본적인 일은, 아이의 감정을 읽어주는 것입니다.

감정을 눈으로만 보지 않고 말로 표현해 주면, 아이는 그 감정을 안전하게 받아들이고 조절할 수 있게 됩니다.

"그랬구나, 속상했겠다."
"조금 무서웠지?"
"놀라서 그런 거였구나."

이처럼 감정에 이름을 붙여주는 것은, 감정을 조절하는 첫걸음입니다. 내 감정을 아는 아이는 타인의 감정도 자연스럽게 알아차릴 수 있고, 존중하는 태도로 이어집니다. 공감을 받은 아이는 공감할 줄 아는 사람으로 성장합니다.

정서 지능(EQ)과 삶의 질

이러한 공감 능력은 곧 정서 지능(EQ)으로 연결됩니다.

연구에 따르면 EQ는 다음과 같은 삶의 영역에 긍정적인 영향을 미칩니다.

* 학업 성취
* 정신 건강
* 인간관계 전반

EQ는 단지 따뜻한 마음을 뜻하는 것이 아닙니다. 삶의 질을 결정짓는 핵심 역량이며, 미래를 살아갈 아이에게 가장 필요한 힘입니다.

공감은 허용이 아닌 '경계 있는 사랑'
공감한다고 해서 모든 행동을 받아들이는 것은 아닙니다.
중요한 것은 감정을 수용하되, 행동에는 분명한 경계를 제시하는 것입니다.

"친구가 네 장난감을 안 줘서 화가 났구나.
하지만 친구를 때리는 건 안 돼."

이러한 말은 아이에게 "네 감정은 이해하지만, 행동에는 책임이 따른다"라는 중요한 메시지를 전달해 줍니다.
공감 기반의 인성교육이란, 단순히 감정을 따라가는 것이 아니라, 감정을 이해한 후 적절한 선택으로 나아가는 방향을 함께 열어 주는 것입니다.

공감은 일상의 대화 속에서 자랍니다. 매일 다음과 같은 질문을 아이와 나누어 보세요.

* "오늘 어떤 기분이었어?"
* "그 친구는 어떤 마음이었을까?"
* "속상했겠다. 그럴 수 있지."

잠자기 전, 하루의 감정을 함께 돌아보며 나누는 대화는 아이의 정서적 근력을 길러주는 좋은 시간이 됩니다. 그 순간들이 쌓이면, 아이는 자기감정을 잘 알고, 타인에게도 따뜻하게 반응하는 사람으로 자라게 됩니다.

공감 없는 인성교육은 "이건 하면 안 돼", "이건 꼭 해야 해"와 같은 규칙 중심의 훈육에 그칠 위험이 있습니다. 이런 아이는 혼날까 봐 조심할 수는 있어도, 내면에 도덕적 기준을 세우기는 어렵습니다. 공감 기반의 인성교육은 아이가 스스로 느끼고, 판단하고, 실천할 수 있는 힘을 길러줍니다.

'해야 하니까'가 아니라, '그게 누군가에게 상처가 될 수 있으니까' 하고 스스로 말할 수 있는 아이. 그런 아이는 어른이 되어서도 따뜻하고 건강한 사회를 만들어갈 수 있는 사람으로 성장할 것입니다.

AI 시대, 더욱 소중해진 인간다움 – 공감은 교육의 본질입니다

AI가 감정을 흉내 내는 시대에도, 진짜 공감은 여전히 인간만이 가질 수 있는 고귀한 능력입니다. 기계는 공감을 계산하지만, 사람은 공감을 알고 느낍니다. 공감은 시대를 초월하는 인간 교육의 본질이며, 오늘 우리가 자녀에게 줄 수 있는 가장 귀한 선물입니다.

정서 지능 :
공감과 놀이 속에서

정서의 시작 - 부모와의 연결

*"정서를 잘 돌보는 것이
곧 아이의 미래를 준비하는 일입니다."*

정서의 중요성을 다룬 연구는 이미 많이 발표되어왔습니다. 특히 유아기에는 정서의 안정이 두뇌 발달과 학습 능력, 사회성, 나아가 전인적 성장의 기초가 됩니다. 최근 연구에 따르면, 태아 시기부터 부모의 정서 상태가 아이의 신체와 뇌 발달에 영향을 미친다고도 알려졌습니다.

정서 발달은 관계 속에서 시작됩니다. 특히 부모와의 긍정적인 연결은 아이에게 '자신은 소중한 존재'라는 안정감과 신뢰감을 심어주며, 이는 곧 자기 조절력과 학습 동기를 이끄는 중요한 힘이 됩니다. 아이는 부모를 통해 감정을 인식하고 조절하는 법, 타인을 대하는 태도, 세상과 만나는 방식을 하나씩 배워 나갑니다.

많은 심리학자들과 뇌과학자들은 공통된 한 가지 메시지를 전합니다. "아이의 정서를 잘 돌보는 것이 아이의 미래를 준비하는 것이다."

정서 지능을 키우는 놀이의 힘
EQ는 가르치는 것이 아니라, 놀이 속에서 자랍니다

정서 지능(EQ)은 단지 감정을 표현하는 기술을 넘어, 자기 이해와 자기조절, 공감과 관계 맺기의 능력까지 아우르는 인생의 핵심 역량입니다. 이 EQ는 책상 앞에서 배워지는 것이 아니라, 일상 속 놀이에서 자연스럽게 길러집니다.

정서 지능이 자라는 가장 좋은 토양은 '놀이'입니다. 아이는 놀이 속에서 자유롭게 감정을 표현하고, 갈등을 경험하며, 협력을 배워갑니다. EQ란, 감정을 억누르거나 감추는 것이 아니라, 감정을 잘 알아차리고 흘려보내며 타인과 건강하게 나누는 힘입니다. 그 모든 시작은 놀이에서 시작됩니다.

감정을 알아차리는 놀이 – 마음의 언어 배우기
정서 지능의 첫걸음은 바로 자기감정의 인식입니다. 아이가 "나, 화났어", "속상해"라고 말할 수 있다면 이미 감정인식의 큰 문을 연 셈입니다. 이런 능력은 놀이를 통해 자연스럽게 길러집니다.

예를 들어, 감정 그림 카드를 활용한 짝 맞추기, 거울 앞에서 다양한 표정을 흉내 내 보기, 인형극을 하며 "이 인형은 어떤 기분일까?" 물어보는 활동은 모두 아이가 감정을 인식하고 말로 표현하는 데 큰 도움을 줍니다. 감정을 말로 꺼내는 연습은 바로 마음의 언어를 배우는 훈련입니다.

공감을 키우는 역할놀이 - 마음 바꾸기 연습

공감 능력은 EQ의 핵심입니다. 그러나 공감은 말로 설명한다고 쉽게 길러지지 않습니다. 아이는 타인의 입장을 상상하고, 다른 사람의 기분을 느껴보는 경험을 통해 공감을 배워야 합니다.

역할놀이는 이 점에서 매우 강력한 정서 교육의 도구입니다. 병원 놀이, 가족 놀이, 슈퍼마켓 놀이 등을 통해 아이는 다양한 역할을 맡으며 타인의 감정을 자연스럽게 상상하게 됩니다.

"이 환자는 어디가 아플까?", "엄마는 왜 화났을까?" 같은 질문을 던졌을 때, 아이는 다른 사람의 감정을 이해하려는 시도를 하게 됩니다.

공감은 타인의 감정을 느끼는 능력 이전에, 느끼려는 마음에서 시작합니다. 역할놀이는 아이가 그 마음을 키우는 가장 좋은 놀이터입니다.

감정 조절을 돕는 놀이 - 기분 조절도 연습이 필요합니다 아이들은 감정을 그대로 표현하지만, 때로는 감정에 휩쓸려 버리기도 합니다. 이때 감정을 조절하는 방법을 알려주는 것이 필요합니다. '감정 조절'은 단지 참는 것이 아닙니다. 감정을 알아차리고, 적절히 흘려보내는 능력입니다.

예를 들어, 속상할 때 바람을 불며 "후~" 하고 내쉬는 '바람 불기 놀이', 손을 쥐었다 펴며 호흡을 조절하는 주먹 호흡 놀이, 풍선 불기 등은 감정을 안전하게 표현하고 조절하는 방법을 몸으로 익히게 해줍니다. 놀이는 감정의 격류 속에서도 "괜찮다"라는 신호를 주는 안전한 도구입니다. 긍정 정서를 강화하는 놀이는 기쁨을 자라게 합니다

EQ는 부정적인 감정만을 다루는 기술이 아닙니다. 오히려 기쁨,

감사, 사랑, 행복과 같은 긍정 정서를 자주 경험하는 아이들이 EQ가 더 높게 나타난다는 연구 결과도 있습니다.

'오늘 좋았던 일 그리기', 친구에게 '고마워 스티커' 붙여주기, 가족과 친구 사이에 '칭찬 릴레이' 돌리기 등은 모두 긍정 감정을 확장 시키는 놀이입니다.

이런 경험을 자주 한 아이는 실수하거나 실패해도 쉽게 무너지지 않고, 회복탄력성이 뛰어난 아이로 성장합니다. 감정의 힘이 단단해지면 삶을 헤쳐나갈 내면의 힘도 함께 자라납니다.

협력과 소통을 배우는 놀이 - 함께하는 힘

EQ의 핵심은 결국 관계 속에서 실현됩니다. 나만의 감정뿐 아니라 타인의 감정을 이해하고, 소통하고, 협력하며 살아가는 힘이 필요합니다. 퍼즐을 함께 맞추거나, 이어 말하기 게임으로 이야기를 만들어가는 놀이, 협동 미션을 수행하는 활동들은 아이에게 자연스럽게 협력과 소통을 가르칩니다. 갈등이 생겼을 때 대화를 통해 해결하는 연습 또한 중요한 경험입니다. 놀이는 관계의 예행 연습입니다. 실패해도 괜찮고, 다시 해볼 수 있는 자유로운 공간에서 아이는 진짜 관계 기술을 배워갑니다.

부모의 태도 - 감정을 지지해주는 사람

정서 지능은 놀이에서 자라지만, 그 뿌리는 관계 속에 있습니다. 아이의 감정을 있는 그대로 받아들이고, 존중해주는 어른의 태도가 EQ 발달에 결정적인 역할을 합니다. 아이의 실수 앞에서 "괜찮아, 다시 해볼 수 있어"라고 말해주는 말, 속상한 순간에 함께 조용히 있어 주는 존재, 기쁜 순간에 눈 맞추며 함께 웃어주는 그 태도는 아이에게 가장 강력한 정서적 지지입니다.

정서 교육은 기술이 아니라 태도입니다. 아이는 놀이 속에서 배우지만, 부모와 교사의 따뜻한 반응과 공감 속에서 감정의 뿌리를 내립니다. 정서 지능은 책으로 배우지 않습니다. 아이는 뛰놀고, 웃고 울며, 자신을 표현하는 놀이 속에서 감정을 이해하고, 공감하고, 조절하는 법을 배웁니다.

EQ가 높은 아이는 자신의 감정을 정확히 말할 수 있고, 타인의 감정을 존중하며, 관계 안에서 자신을 건강하게 세울 줄 압니다. 그 시작은 거창한 교육이 아니라, 부모와 함께한 작은 놀이 한 번, 감정을 읽어주는 한마디의 말입니다.

놀이와 함께하는 부모의 언어 실천
* 감정에 먼저 공감해주기
* "미안해", "고마워", "괜찮아" 같은 부드러운 말 자주 사용하기
* 규칙보다 공감이 먼저 – 감정 공감 후 행동 지도하기
  실수한 아이를 다시 세워주는 포용과 용서의 본보기 되기

아이 마음에 부드러운 씨앗을 심자
정서 지능은 감정을 표현하는 기술이 아니라, 삶을 견디고 사랑하는 깊은 내적 힘입니다. 그 시작은 부모의 말 한마디, 눈빛 하나, 함께 웃고 놀아준 순간 속에 있습니다.

부모의 언어와 태도는 아이 마음에 씨앗을 심는 일입니다. 감정의 언어 하나가, 공감의 표현 하나가, 아이의 인생을 바꾸는 출발이 됩니다. 아이들이 몰입하는 작은 놀이가 정서의 씨앗을 틔웁니다. 그 씨앗은 부모의 사랑 속에서 따뜻하게 자라납니다.

관계 :
장점 찾기

유아기의 관계 교육은 단순히 "예절을 지켜야 해요"라고 말하는 형식적인 지시로 이루어지지 않습니다. 진정한 관계의 시작은 서로를 이해하고 존중하는 따뜻한 마음에서 비롯됩니다. 유아기의 관계는 놀이 속 다툼과 화해, 협력과 나눔의 작은 경험들을 통해 매일 자라납니다. 그 안에서 아이들은 스스로 감정을 표현하고, 타인의 감정에 반응하는 법을 조금씩 익혀갑니다.

이 시기의 관계 교육은 교사의 말 한마디, 부모의 반응, 또래와의 일상적인 상호작용 속에서 자연스럽게 배우는 '삶의 기술'입니다. 아이들이 관계를 맺고 성장하는 그 과정을 어떻게 도울 수 있을까요?

관계의 시작, 따뜻한 눈으로 바라보기
관계를 잘 맺는 아이로 자라기 위해 가장 먼저 필요한 것은 긍정적인 시선입니다. 친구의 장점을 발견하고 표현할 수 있는 눈, 그것이 관계의 씨앗입니다.

"쟤는 왜 저래?"라는 말보다,
"순아는 그림을 참 잘 그려"라고 말할 수 있는 연습.

이처럼 친구의 좋은 점을 인정하고 말로 표현할 수 있을 때, 표현하는 아이도 듣는 아이도 마음에 따뜻한 빛이 스며듭니다. 관계는 그렇게 조금씩 가까워지고 서서히 단단해집니다.

칭찬은 단지 기분 좋게 하는 말이 아닙니다. 그것은 상대에 대한 존중이며, 자신에 대한 자존감 형성의 자양분입니다. 알베르트 슈바이처는 말했습니다.

"성공해서 행복한 것이 아니라, 행복이 성공의 열쇠이다."

경쟁이 아닌 협력, 비교가 아닌 존중의 문화를 배우는 것이 바로 관계 교육의 핵심입니다.

가정과 교실에서 실천 - 관계의 씨앗 키우기
관계의 기술은 자연스럽게 배워지는 동시에 지속적인 연습과 경험을 통해 길러져야 합니다.

다음은 교실과 가정에서 아이들이 실천할 수 있는 구체적인 관계 활동들입니다.

좋은 나무 만들기
방법: 교실 벽면에 큰 나무를 붙이고, 아이들이 친구의 장점을 적은 '칭찬 잎사귀'를 붙입니다.
예시: "선우가 놀이 시간에 나에게 함께 놀자고 이야기했어요."
효과: 친구의 좋은 점을 관찰하고 말로 표현하는 힘이 길러집니다.

오늘의 장점 스타
방법: 매일 한 명을 '장점 스타'로 정하고, 친구들이 그 아이의 장점을 이야기합니다.
교사 질문: "선우의 어떤 점이 좋았나요?"
효과: 긍정적인 시선으로 친구를 관찰하는 습관이 생깁니다.

칭찬 릴레이
방법: 원형으로 앉아 친구의 장점을 이야기하며 릴레이를 이어갑니다.
표현 예시: "~해서 기뻤어요.", "~을 해줘서 고마웠어요."
　　　　　"~이 좋아요."
효과: 감정 표현과 긍정 언어가 일상에 녹아듭니다.

역할극 활동
방법: '도움받는 상황', '같이 노는 상황' 등을 주제로 역할극을 합니다.
효과: 친구의 행동을 긍정적으로 해석하고 감정을 언어화하는 능력이 자랍니다.

칭찬 안경 놀이
방법: 종이로 만든 '칭찬 안경'을 쓰고 친구의 장점을 관찰하고 글이나 그림으로 표현합니다.
효과: 유쾌하고 즐겁게 장점 찾기를 연습하게 됩니다.

교사의 모델링
방법: 교사가 아이의 장점을 자주 구체적으로 말해줍니다.

예시: "수아가 정리 정돈을 도와줘서 고마웠어요."
효과: 아이는 교사의 언어를 모방하며 자연스럽게 긍정적인
    언어를 습득합니다.

부모 연계 '좋은 점 메모 보내기'
방법: 부모가 가정에서 아이에게 쓴 짧은 장점 메모를
    유치원으로 보내고, 교실에서 함께 읽습니다.
효과: 가정과 유치원이 함께 아이의 자존감을 키워줍니다.

작은 말 한마디, 따뜻한 시선, 함께 웃는 순간. 이 모든 것들이 아이의 마음속에 관계의 씨앗으로 심어집니다.

관계의 뿌리, 부모와의 첫 경험

아이는 관계를 가르침으로 배우지 않습니다. 관계는 처음부터 경험되어야 하는 것입니다. 인간관계의 첫 번째 모델은 부모입니다.

심리학과 발달이론, 교육학에서도 일관되게 말하듯이, 유아기 부모와의 관계는 세상과 맺게 될 모든 관계의 틀을 결정짓는 기초가 됩니다.

아들러(Alfred Adler)는 말합니다.
"인간은 타인과의 관계 속에서 의미를 찾고 성장하는 존재다."
그리고 그는 강조했습니다.
"학교에서 생기는 문제는 학교 이전의 삶에서 비롯된다."

학교에서 겪는 갈등, 친구 관계의 어려움, 교사와의 충돌은 모두 아이가 이전에 형성한 관계의 반영입니다. 그렇기에 아이의 행동을

단순히 '교정'하려 들기보다, 그 행동이 나오는 관계의 맥락을 먼저 이해하려는 자세가 필요합니다.

관계는 지시보다 공감으로 자라며, 아이는 행동을 통해 마음을 표현합니다. 말하지 않아도 아이는 지금의 관계에서 소속감을 느끼는지 아닌지를 온몸으로 보여줍니다.

"말을 안 들어서 문제"가 아니라, "나와 연결되어 있지 않다고 느끼는 것"이 진짜 문제일 수 있습니다.

* 잔소리보다 공감의 한마디,
* 지시보다 함께하는 시간이,
* 교정보다 먼저 믿어주는 관계가 아이를 변화시킵니다.

하루 한마디의 칭찬, 한 번의 지지, 한 줄의 메모…. 이 작고 따뜻한 행동들이 아이의 마음에 사랑이라는 씨앗을 심습니다. 그리고 이 씨앗은 시간이 지나 아이가 맺는 모든 관계에 꽃을 피울 것입니다.

관계의 씨앗은 지식이 아니라 사람의 마음 안에서 자라는 것입니다. 아이의 마음에 씨앗을 심는 사람은 바로 우리입니다. 그 씨앗은 믿음과 기다림, 그리고 사랑으로 매일 자랍니다.

인사 :
마음을 여는 열쇠

작은말, 큰 울림

인사는 작지만, 강력한 힘을 가진 인성의 표현입니다. 친구와 친해지고 싶으면 친구야 안녕! 하고 먼저 인사하라고 이야기하곤 합니다. 인사는 관계의 시작이자 소통의 문을 여는 첫걸음입니다.

"안녕하세요"
"좋은 아침입니다"
"잘 다녀오겠습니다"
"다녀왔습니다."

이 짧은 말들 안에는 상대에 대한 관심과 존중, 그리고 따뜻한 열정의 시작이 담겨 있습니다. 인사는 단지 예의가 아니라, 서로의 마음을 열게 해주는 열쇠입니다.

아이에게 인사를 가르칠 때 우리는 단순한 형식을 넘어서, 사람을 따뜻하게 대하는 방법, 상대를 존중하는 태도를 함께 가르치고 있는 것입니다. 처음 만나는 사람에게 밝은 얼굴로 인사하는 아이, 아침에 등원하며 선생님께 "좋은 아침이에요." 혹은 "선생님, 안녕하세요?"하고 말하는 아이는 이미 세상과 소통하는 법을 배우고 있습니다. 이 작은 습관 하나가 아이의 사회성을 키우고 인간관계의 바탕이 됩니다.

인사는 사람과 사람 사이의 거리를 좁히는 따뜻한 연결입니다. 아이는 인사를 통해 상대에게 마음을 전하는 법을 배우고, 동시에 자신도 누군가의 환대를 받을 수 있는 소중한 존재임을 느끼게 됩니다.

인사를 통해 배우는 마음의 언어

누구든 인사를 받으면 기분이 좋아집니다. 안녕하세요! 밝게 인사할 때 그 짧은 한마디에 담긴 환영의 마음은 상대방의 마음도 열어줍니다. 특히, 어린 시절에 익힌 인사 습관은 아이의 사회성과 배려심, 존중하는 태도 형성에 큰 영향을 줍니다.

인사를 잘하는 아이는 친구들과 쉽게 어울릴 수 있고, 선생님이나 어른들에게도 좋은 인상을 주어서 자연스럽게 긍정적인 관계 속에서 자신감을 키워갑니다. 이렇듯 인사는 단순한 말이 아니라, 관계의 뿌리입니다. 인사는 말보다 마음을 전하는 연습입니다. 표정을 읽고 태도를 따라 합니다.

아침에 잠에서 깬 아이에게 잘 잤니? 미소로 건네는 첫인사. 이 모든 것이 아이의 마음속에 '관계의 따뜻함'을 심어주는 순간입니다.

아이가 "다녀왔습니다!"라고 말할 때, 부모가 "어서 와, 고생했어." 라고 따뜻하게 맞아주면 아이는 나는 소중한 존재라는 감정을 마음에 새기고, 인사를 잘하는 아이는 마음을 잘 표현하는 아이입니다.

인사는 마음을 말로 표현하는 가장 기본적인 방법으로 짧은 인사 한마디에는 상대방에 대한 관심, 배려, 정서적 안정감이 담겨 있습니다. 인사를 잘하는 아이는 결국 마음을 잘 표현할 줄 아는 아이로 자랍니다.

그뿐 아니라, 정서조절과 자기표현 능력에도 긍정적인 영향을 미칩니다. 감정이 불편할 때, 조차 인사를 통해 자신을 조절하고, 관계를 회복하는 힘을 키우게 됩니다.

예를 들어 다투었던 친구에게 "미안해, 안녕!"하고 먼저 말할 수 있는 용기, 선생님께 "감사합니다." 말할 수 있는 감사의 표현. 이 모든 것이 아이의 인성을 자라게 하는 보이지 않는 힘입니다.

인사를 통해 세상과 연결되다

아이들은 세상과 연결을 하며, 자라고 배우는 존재입니다. 그 연결의 출발점이 바로 인사입니다. 인사를 잘하는 아이는 세상과 건강한 관계를 맺을 수 있고, 다른 사람과 함께 살아가는 기쁨을 누릴 수 있습니다.

그렇기에 유아기와 아동기에 인사의 중요성을 배우고 익히는 것은 훗날 아이가 공동체 속에서 존중과 책임을 다할 수 있는 사람으로 성장하는 데 큰 밑거름이 됩니다.

인사는 작은 것 같지만 결코 가볍다고 할 수 없습니다. 그 안에는 사랑, 존중, 배려, 용기, 그리고 따뜻한 연결이 담겨 있습니다. 이것도 그 시작은 언제나 가정에서부터입니다.

정주영 회장은 한국을 대표하는 기업가이자 자수성가형 인물로 잘 알려져 있습니다. 그는 어린 시절부터 가난했지만, 사람을 대할 때만큼은 꼭 인사를 잊지 않았다고 합니다.

어른을 만나면 항상 고개를 숙여 정중히 인사했고, 일을 배우러 간 공사 현장에서도 선배나 동료들에게 밝게 인사하며 다가섰습니다.

정 회장은 훗날 이런 말을 남겼습니다.

"사람을 만나면 가장 먼저 보여주는 것이 인사다.
인사는 그 사람의 됨됨이를 가장 빠르게 보여주는 거울이다."

그는 회사 면접을 볼 때도 '실력보다 태도'를 먼저 본다고 했습니다. 그중에서도 인사를 잘하고 예의 바른 사람은 무조건 다시 보게 된다고 말했다고 합니다.
오늘 하루, 아이에게 먼저 인사를 건네보세요.
"좋은 아침이야!" "반가워." "사랑해."
그 짧은 말속에 씨앗이 심어집니다. 그리고 매일 그 씨앗에 물을 주듯 따뜻한 말과 태도를 더해주면 아이는 어느새 예의 바르고, 타인을 존중하며, 마음을 표현할 줄 아는 사람으로 자랍니다.
인사는 마음을 여는 열쇠입니다.
인사를 하는 아이의 마음에도, 부모의 마음에도 따뜻한 빛이 들어오기 시작할 것입니다.
단순한 예절 이상의 의미가 있습니다. 인사는 아이가 사회와 관계를 맺는 첫 번째 다리이자, 타인과 나를 연결하는 따뜻한 소통의 시작입니다. 작은 인사 한마디가 상대의 마음을 따뜻하게 하고, 나의 하루도 기분 좋게 만듭니다. 인사는 공감과 배려의 출발점이자, 사람 사이의 관계를 부드럽게 이어주는 다리입니다.
인사는 문화적 맥락에서도 중요한 사회 규칙 중 하나입니다. 억지로 배우기보다는 부모의 따뜻하고 밝은 인사의 모본은 아이에게도 도움이 됩니다.

감사 :
행복을 선물하는 마법

감사를 배우는 아이는 따뜻한 마음을 키웁니다.

"고마워요" 이 짧은 말이 아이의 마음을 어떻게 자라게 할까요?

감사는 단순한 예절이 아닙니다. 감사는 '받은 것을 아는 마음'이고, '나눌 줄 아는 사람'이 되게 하는 출발점입니다.

감사하는 아이는 주변을 따뜻하게 만들고, 자신도 더 건강하고 밝게 자랍니다. 감사는 인성의 시작이자 완성입니다.

오늘도 "고마워"라는 말 한 한마디로, 아이의 마음에 사랑과 인성의 씨앗을 심어주세요.

감사가 주는 놀라운 힘

미국의 긍정심리학 및 감사 연구의 세계적 권위자인 미국의 UC 데이비스(University of California, Davis)의 심리학 교수인 로버트 에먼스(Robert A,Emmons) 교수는 다양한 실험을 통해 감사하는 마음이 아이와 성인의 정서적 건강, 사회성, 행복감, 자기 효능감, 그리고 정서조절 능력에 긍정적인 영향을 미친다는 것을 밝혔습니다.

특히 그가 청소년을 대상으로 한 연구에서 발견한 사실은 다음과 같습니다.

"감사하는 습관이 있는 아이들은 정서적 균형감이 뛰어나고 자기 효능감이 높으며, 공격성이 낮고 학업에 대한 태도와 심리적 안정감 등에서 탁월한 모습을 보인다."는 점을 과학적으로 증명한 대표적인 학자입니다.

감사의 습관은 단순한 매너를 넘어, 아이의 인성과 삶의 질을 바꾸는 핵심 키워드입니다.

감사, 일상 속에 피어나는 교육
"오늘 가장 감사했던 일은?"
*하루에 한 번 가족과 함께 감사를 나누면, 가정 분위기도 따뜻해집니다.
*하루를 마치고 귀가하기 전 선생님들과 "오늘 가장 감사했던 일은요?"

종례 시간 선생님들과 함께 감사를 나누면, 교무실의 분위기도 따뜻해집니다. 감사는 긍정적인 경험에서만 있는 것이 아닙니다. 오히려 부정적인 경험 속에서도 '다행이다'를 넣은 감사의 표현을 할 수 있답니다. 이는 삶을 재해석하는 힘이고, 아이에게 회복탄력성과 인성의 깊이를 주는 매우 중요한 교육이 될 수 있어요. 이건 감사 교육에서도 가장 가치 있는 표현 방식 중 하나입니다.

실수를 했을 때
"민수는 실수로 엄마가 아끼던 컵을 깨뜨렸습니다. 엄마는 화내지 않고 말합니다.

"네가 다치지 않아서 정말 다행이야, 네가 다치지 않은 것이 감사해!"

다툼이 있었을 때도,

"오늘 친구와 다퉜지만, 내 감정을 솔직하게 말할 수 있어서 다행이야."

다시 화해할 수 있어서 감사해

건강이나 안전에 대해서도,

"다쳤지만, 큰 사고가 아니라서 다행이야."

"감기에 걸렸지만, 이젠 내 몸을 더 잘 돌보게 돼서 감사해."

이러한 말들은 부정적인 사건을 긍정적인 의미로 재해석하게 돕습니다. 실망과 슬픔, 분노 속에서도 감정을 조절하고, 감사로 회복하고 성장하는 감정의 힘을 키워줍니다.

감사는 행복의 문을 여는 열쇠입니다. 우리는 종종 행복해지면 감사할 수 있을 것 같이 생각하지만, 삶의 진리는 그 반대입니다.

감사할 때 비로소 행복해집니다. 감사는 과거를 이해하게 하고, 현재를 수용하게 하며, 미래를 기대하게 만드는 감정입니다.

감사는 물질적 풍요나 성취보다 더 깊은 마음의 만족과 여유를 선물합니다. 감사하는 순간, 우리는 삶을 있는 그대로 받아들이고, 작은 기쁨을 발견하게 됩니다. 감사를 배운 아이는 행운이나 성공보다 소중한 것의 가치를 알아보는 눈을 갖게 됩니다.

* 장난감을 잃어버려도 "그래, 그동안 잘 놀아서 다행이야!"라고 말할 수 있고,

* 친구가 도와줄 때 "고마워, 너 있어서 좋아."

이런 말들이 자연스럽게 나오는 아이는 행복한 아이, 그리고 행복을 나누는 아이로 자라게 합니다.

감사는 훈련입니다
감사는 타고나는 성향이 아니라 훈련으로 깊어지는 감정입니다. 다음은 일상 속에서 실천할 수 있는 감사 훈련입니다.

* 매일 감사한 일 3가지 말하거나 써보기
* 식사 전 "고맙습니다. 잘 먹겠습니다" 인사하기
* 실수했을 때 "그래도 이걸 알게 되어 다행이야"라고 말해보기

부모와 교사가 매일 "고마워", "다행이다", "감사해"라는 말을 생활 속에서 자주 한다면 아이도 그 언어와 태도를 자연스럽게 배웁니다. 감사는 행동보다 더 큰 감정의 교육입니다.
부모의 따뜻한 감사 한마디는 아이의 마음속에 "나도 소중한 존재구나"라는 자기 존중감의 씨앗을 심어줍니다.

실천 활동 제안
■ 감사 보물 상자 만들기
감사한 일을 종이에 적어 '보물 상자'에 담고, 한 달 후 꺼내 함께 읽어봅니다. 감사의 기억을 시각화하고, 가족이나 친구와 공유하며 감정을 나눌 수 있습니다.

■ 감사 그림책 만들기

최근 감사했던 일을 주제로 이야기를 나누거나, 감사에 관한 예화 혹은 그림책을 읽은 후 그림이나 글로 표현합니다. 말로 표현하고 글로 쓸 수 있는 어린이는 짧은 글을, 어린아이는 그림이나 간단한 말로 표현합니다.

이 활동은 미술, 언어, 창의성뿐 아니라, 자존감과 긍정 정서 발달에도 큰 도움이 됩니다.

감사의 향기
감사하는 사람 곁에는
언제나 미소가 있고,
따뜻한 사람들이 함께하며,
행복이라는 향기가 납니다.
우리가 아이에게 가르치고,
우리 스스로 매일 실천할 수 있는
작지만 강력한 인성교육, 그것이 바로 '감사'입니다.

제 2 장.
자녀 양육의 지혜 :
인문학과 함께

인문학에서 지혜 찾기

왜 지금, 인문학인가?

인문학은 인간과 삶을 깊이 있게 탐구하는 학문입니다. 인간의 존재와 감정, 생각, 문화, 역사, 예술, 언어 등 인간다움의 본질을 묻고 성찰하는 과정입니다. 다시 말해 인문학이란 '인간답게 사는 길'을 묻고 찾아가는 여정이라 할 수 있습니다.

이러한 인문학은 자녀를 양육하는 데에도 깊은 영향을 미칩니다. 아이를 지식의 수용자가 아닌, 생각하고 느끼며 성장해가는 '한 사람'으로 바라보는 것, 이것이 인문학적 양육의 출발입니다.

아이를 한 사람의 '인격체'로 바라보는 태도

인문학은 무엇보다 인간의 존엄성을 강조합니다. 이는 아이를 대할 때 더욱 중요해집니다. 유아는 단순히 보호받아야 할 존재가 아니라, 독립적인 감정과 생각을 가진 온전한 인격체입니다.

따라서 인문학적 양육이란, 아이를 있는 그대로 바라보며 억지로 통제하거나 평가하지 않고, 그 내면의 감정과 흐름을 함께 이해하려는 태도에서 시작됩니다.

"우리 아이는 지금 무슨 감정을 느끼고 있을까?"

이런 질문은 부모의 마음에 성찰의 문을 열고, 아이와의 관계를 보다 깊이 있게 만들어 줍니다.

아이들은 이야기로 세상을 배우고, 질문으로 세상을 탐험합니다. "행복이란 뭘까?", "왜 우리는 약속을 지켜야 해?" 같은 질문은 단순한 호기심이 아니라, 철학의 출발점입니다.

인문학적 교육은 이런 질문을 억누르지 않고 존중합니다. 정답을 말해주기보다, 아이가 스스로 생각하고 느끼며 표현할 수 있도록 도와주는 것, 그것이 진정한 교육입니다. 동화, 시, 철학 동화 등은 아이 안의 사유를 자극하고, 감정의 결을 섬세하게 다듬습니다.

질문이 많은 아이는 '생각이 자라는 중'입니다. 그 질문에 성실히 귀 기울이는 태도는 곧 인문학을 실천하는 방식입니다.

감성과 공감력은 인문학의 기초 체력이라 말할 수 있는 것은, 머리보다 가슴에서 시작됩니다.

감정을 느끼고 표현하며, 타인의 마음에 귀 기울이는 공감력은 인간 됨의 본질이라고 할 수 있습니다.

문학, 예술, 음악을 통해 아이들은 다양한 감정을 경험하고 내면화합니다. 슬픔의 결을 알기에 기쁨의 무게도 알 수 있는 법. 타인의 이야기를 공감하고 이해하려는 노력은 결국 더불어 살아가는 시민성을 기르는 인문학적 토대가 됩니다.

자연과 함께 숨 쉬는 인문학

자연은 아이에게 가장 깊은 인문학의 교과서입니다. 나무를 바라보며 생명의 신비를 느끼고, 하늘을 보며 경이로움을 배우는 순간, 아이는 삶의 근원적인 질문과 마주합니다.

"나무도 숨을 쉴까?" "꽃은 왜 피었다 지는 걸까?"

이런 질문에 완벽한 답을 줄 필요는 없습니다. 함께 느끼고 바라보며 대화하는 순간 자체가 교육입니다. 자연은 생명과 존재의 소중함을 아이의 가슴에 심어주는 살아 있는 인문학입니다.

창의적 표현, 나를 발견하는 여정

인문학은 생각하는 데서 멈추지 않습니다. 그것은 자신을 표현하고 세상과 연결하는 통로가 됩니다.

그림, 노래, 움직임, 말과 글 등 예술적 활동은 아이가 자신의 내면을 밖으로 드러내고, 세상에 나만의 의미를 만들어가는 여정입니다. 표현은 곧 자기 이해의 확장입니다. 아이가 무엇을 느끼고 있는지, 그것을 어떤 방식으로 표현하고 싶은지를 존중받을 때, 창의성과 자율성은 자라납니다.

지금 우리는 AI, 로봇, 생명공학이 빠르게 발전하는 4차 산업혁명 시대에 살고 있습니다. 기술은 놀라운 속도로 인간의 삶을 변화시키고 있지만, 그 기술이 '어떻게' 그리고 '왜' 사용되어야 하는지는 인간만이 할 수 있는 질문입니다.

기술은 할 수 있는 것을 넓히지만, 인문학은 해야 하는 것을 묻습니다.

예를 들어, 생명 연장이 가능한 시대에 "우리는 생명을 어디까지 조절해도 되는가?"라는 질문은 인문학의 영역입니다.

기계는 데이터를 분석하지만, 공감, 감성, 상상력, 윤리적 판단은 인간만의 고유한 능력입니다. 이것이야말로 인문학이 길러주는 비인지적 역량입니다.

인문학이 키우는 미래의 핵심 역량

융합적 사고력과 창의성 증진으로, 인문학은 다양한 관점을 연결하고 새로운 아이디어를 창출하는 능력을 기릅니다. 기술·예술·사회·문화를 아우르는 사고력이 점점 더 중요해지고 있습니다.

다음으로는, 리더십과 소통 능력의 토대를 이야기할 수 있는데. 4차 산업혁명 시대의 리더는 기술자가 아니라, 사람을 이해하고 이끄는 사람입니다. 인문학은 언어력, 공감력, 설득력, 공동체적 사고를 키우는 토대입니다.

창의성과 질문의 힘을 이야기 할 수 있는데, AI는 데이터를 따라 학습하지만, 새로운 문제를 발견하고 감정과 맥락을 이해하면서 창의적으로 해결하는 능력은 인간만의 영역입니다. 아이와 함께 인문학적 양육 태도를 실천할 수 있는 방법들입니다.

1. 예술 감성 자극하기
이야기, 시, 음악, 미술을 통해 감정 기반 사고를 기릅니다.
2. 프로젝트 기반 학습(PBL) 시도하기
실생활의 문제를 함께 해결하며 융합적 사고력을 키웁니다.
3. 질문과 토론의 문화 만들기
정답보다 질문을 중시하는 대화 습관을 길러줍니다.
4. 실패와 다양성 존중하기
실패를 두려워하지 않고, 다양한 시도와 표현을 존중합니다.

사람다움을 키우는 교육, 인문학

유아기의 인문학적 교육은 아이가 사람답게 살아갈 수 있도록 돕는 교육입니다. 지식의 주입이 아니라, 스스로 느끼고 생각하며 자신의 삶을 아름답게 구성하는 힘을 기르는 것, 그것이 인문학적 접근의 궁극적인 목적입니다.

아이와 함께 질문하고, 공감하고, 감탄하고, 성찰하며 살아가는 일상. 바로 그곳에 인문학이 숨 쉬고 있습니다.

아이를 사람답게 키우는 지혜, 그것은 곧 인문학을 삶에 품는 양육입니다.

그림책 :
유아의 마음을 여는 열쇠

*"책을 읽는다는 것은 단지 글자를 해독하는 것이 아니라,
마음을 열고 삶의 의미를 마주하는 일이다."*

그림책, 인문학의 첫걸음

아이들은 그림책을 아주 좋아합니다. 그리고 요즘은 어른들을 위한 그림책도 많이 출간되고 있습니다. 어른들 역시 동심의 세계를 떠올리며 그림책에서 위로와 감동을 얻기 때문입니다. 그림책은 단순한 동화책이 아닙니다. 아이의 마음과 세계를 여는 열쇠이며, 감성과 사고를 키우는 인문학의 첫걸음입니다.

좋은 그림책은 풍부한 상징과 은유를 담고 있어, 반복해서 읽을수록 더 깊은 의미와 감정을 끌어냅니다. 이는 아이는 물론 어른에게도 큰 감동과 통찰을 줍니다. 그림책은 단순한 이야기 전달을 넘어, 인물의 감정에 공감하고 상황을 함께 경험하며, 삶의 의미와 가치, 감정 이해와 타자 공감 등 인문학적 가치를 아이의 눈높이에 맞춰 전하는 강력한 매체입니다.

이야기 너머의 감정, 그림 너머의 의미

그림책은 언어적 요소뿐 아니라 그림, 색채, 리듬, 상징, 반복 구조 등의 비언어적 요소를 통해 메시지를 전달합니다. 아이는 이러한 복합적인 표현 속에서 다양한 방식으로 의미를 받아들이고, 상상력과 추상적 사고를 키워갑니다.

한 번의 독서로 끝나지 않고, 시간이 지날수록 새롭게 다가오는 장면과 감정은 아이에게 더 깊이 있는 이해와 성찰을 가능하게 합니다. 아이는 등장인물의 감정에 공감하며, "나라면 어떻게 할까?"를 고민하게 되고, 자연스럽게 감정 조절력과 사회적 사고력을 기르게 됩니다.

또한, 다양한 문화와 세계관을 담은 그림책을 통해, 아이는 세상의 '다름'을 경험하고 세계 시민으로서의 감수성을 키워나갈 수 있습니다.

예술과 놀이로 확장되는 그림책

그림책은 언어 활동에 머무르지 않고, 미술, 신체, 음악 등 예술적 활동으로 자연스럽게 확장될 수 있습니다. 이야기에서 인형극을 만들고, 등장인물을 연기하며, 소품을 제작하고, 주인공에게 편지를 쓰는 활동들은 아이의 창의성과 자기 표현력을 키워줍니다.

이처럼 하나의 그림책에서 언어, 미술, 도덕, 신체, 과학 등의 영역이 통합적으로 작동합니다. 이것이 바로 인문학적 교육의 실천입니다. 아이는 놀이처럼 즐기면서도 깊이 있는 사고와 감정을 기를 수 있습니다.

디지털 시대, 그림책이 더 절실한 이유

빠르게 소비되는 정보가 넘쳐나는 디지털 시대, 아이의 정서와 사고는 오히려 피상적으로 흘러가기 쉽습니다. 이런 시대일수록 그림책의 가치는 더욱 빛납니다. 느리게 읽고, 깊이 감동하고, 삶을 성찰하게 하는 그림책은 아이의 내면을 건강하게 자라게 하는 귀중한 자원이 됩니다.

특히 부모가 먼저 책을 읽고 감동을 나누는 모습은 아이에게 깊은 영향을 줍니다. 부모는 자녀의 첫 번째 교사이며, 행동으로 가르치는 가장 강력한 인문학적 교육자입니다. 그림책을 함께 읽는 시간은 아이의 삶에 '깊이'와 '따뜻함'을 더해주는 순간입니다.

책을 읽어주는 부모, 존재를 함께하는 시간

"너에게 시간을 내고 있어", "너와 함께하고 싶어"라는 무언의 사랑 표현입니다. 바쁜 일상 속에서 아이와 마주 앉아 책을 읽는 그 시간은, 부모가 아이에게 줄 수 있는 가장 따뜻한 선물입니다.

책을 읽어주는 순간, 부모의 따뜻한 목소리와 눈빛, 리듬은 아이에게 안정감을 주고, 사랑받고 있다는 감정을 심어줍니다. 그 순간은 아이의 마음에 사랑을 심는 시간이 됩니다.

그림책을 통해 아이는 언어를 듣고, 문장을 익히며, 이야기의 흐름을 따라가고, 질문을 던지고, 상상하며, 사고력을 키워갑니다. 부모가 함께하는 독서 시간은 아이의 언어 발달과 사고력 발달에 깊은 뿌리를 내리는 시간입니다. 책 속 한 문장이 아이 마음속 수많은 생각의 씨앗이 되기 때문입니다.

책을 읽으며 "너는 어떤 기분이 들었니?"라고 물을 때, 아이는 나의 감정을 되돌아보고 언어로 표현하는 연습을 하게 됩니다. 부모가 아이의 말을 경청하고 감정을 존중하는 모습은, 감정 표현의 본보기가 됩니다. 이러한 과정은 아이의 정서 조절력과 공감 능력을 키워주는 소중한 시간입니다.

좋은 그림책은 아이에게 삶의 의미와 가치에 대한 철학적 질문을 자연스럽게 품게 합니다. "무엇이 옳은가?", "행복이란 무엇인가?", "왜 도와야 할까?" 등의 질문을 아이와 함께 나누는 순간, 부모는 아이의 인생에 인문학이라는 씨앗을 심고 있는 것입니다. 독서하는 부모는 단순한 이야기꾼이 아니라, 삶을 함께 해석하는 동반자입니다.

마음속에 남는 따뜻한 유산

많은 성인이 어린 시절을 돌아보며 가장 따뜻하게 기억하는 장면 중 하나가 바로 '부모가 책을 읽어주던 시간'입니다. 그 시간은 단지 독서가 아니라, 가족의 언어이자 사랑의 의식이자 삶의 일부로 남습니다. 부모의 목소리와 감정이 담긴 책 읽어주기 시간은, 아이의 삶에 오랫동안 따뜻한 자양분이 됩니다.

인문학적 부모 독서란, 단순히 책을 읽어주는 것이 아닌, 이야기를 아이의 삶과 연결하고, 감정과 질문을 함께 나누며, 존재를 만나는 깊이 있는 소통 방식입니다.

부모는 독서의 교사가 아닌, 아이와 함께 감동하고 궁금해하는 '동반자'가 되어야 합니다.

1) 감정에 이름을 붙여주는 독서

정서 지능은 감정을 알아차리고 이름 붙이는 데서 시작됩니다. 그림책 속 인물의 감정에 이름을 붙여주는 것은 아이의 감정 어휘를 확장 시키는 중요한 실천입니다.

예를 들어, 『괜찮아』(다다 히로시 글, 정호선 옮김)라는 책을 읽으며 다음과 같은 대화를 나눌 수 있습니다.
그림책 제목 : 『괜찮아』(다다 히로시 글, 정호선 옮김)

엄마: "이 고슴도치 친구는 '가시에 찔릴까 봐 친구들이 가까이 오지 않아서 외롭대.' 너라면 어떤 기분일까?"
아이: "음… 슬플 것 같아."
엄마: "맞아, 슬프고 외롭고 속상했겠지. 그런 마음을 '쓸쓸해'라고도 해. 우리도 친구가 안 놀아줄 때 그런 기분 들지?"
아이: "응. 그때 나도 울고 싶었어…"
엄마: "그게 바로 '슬픔'이라는 감정이야. 그리고 그 감정을 알면 다른 친구가 그럴 때도 잘 이해할 수 있어."

감정을 말로 표현하면…
내 감정을 알고 감정을 조절하는 힘이 생기고, 다른 사람의 감정을 이해하는 공감력이 자라면, 정서 표현 어휘력이 풍부해집니다. 책 한 권을 여러 번, 천천히 읽으며 반복 속에서 새로운 의미를 발견할 수 있도록 합니다.
속도보다 깊이, 양보다 공감이 중심입니다.
"이번엔 그림만 보고 이야기해볼까?"
"이 장면만 따로 다시 읽어보자."

책 읽는 부모의 태도
부모는 교사가 아니라 함께 감탄하고 궁금해하는 독서 동반자입니다.

"잘 읽게 하는 것"보다 "함께 나누는 것" 즉 공감이 더 중요합니다.
"나도 이 장면이 왜 나왔는지 궁금했어."
"나는 이 장면이 참 마음에 와닿았어. 너는 어땠니?"
이러한 소통은 아이와 마음을 잇는 다리가 됩니다.

그림책은 아이의 감성과 지성을 함께 자라게 합니다. 부모가 책을 읽어주는 시간은 사랑을 전하는 가장 따뜻한 방식이며, 아이의 삶에 깊이와 따뜻함을 선물하는 인문학적 순간입니다. 그림책은 아이에게 단지 '이야기'를 주는 것이 아니라, '삶을 이해하고 사랑을 배우는 길'을 열어주는 열쇠입니다.

미술 놀이와 자아 발견 : 이미지 언어와 이야기

자신을 표현하는 중요한 언어

아이들은 끄적거리고, 마구 그리는 낙서부터 그리기, 오리고 찢기, 만들고 붙이는 미술 활동을 매우 좋아합니다. 이러한 활동은 단순한 놀이가 아니라 자신을 표현하는 중요한 언어입니다.

유아기의 미술은 단순히 눈에 보이는 것을 그리는 기능이 아니라, 그들의 생각과 감정을 이미지로 드러내는 언어이기 때문에, 언어 발달과 밀접하게 연관되어 있습니다. 아이들의 그림 표현의 발달 단계도 언어 발달의 단계와 매우 유사합니다.

예를 들어, 아이에게 "생각을 발표해 보라."고 하면 어려워하지만, 먼저 그림을 그리고 나서 발표하게 하면 훨씬 더 자연스럽게 이야기합니다. 그림을 그리는 동안 생각을 정리하고, 감정을 표현했기 때문에 말로도 자신 있게 표현할 수 있게 되는 것입니다.

아이들은 그림이라는 이미지 언어와 문자 언어를 함께 사용할 수 있는 능력을 가집니다. 특히 2~7세 우뇌 시기에는 이미지 언어를 자유롭게 활용하는 놀라운 능력을 지니고 있으며, 이 시기에 그러한 능력을 길러주는 것은 매우 유익하고 중요합니다. 이미지 언어는 우뇌 시기 아이들에게 있는 놀라운 능력입니다

이는 창의적 상상력을 발달시킬 뿐만 아니라 글이라는 문자만 사용하는 것이 아니라 그래픽문자, 즉 그림 언어라는 또 하나의 표현 수단을 키워주는 것입니다.

우뇌 시기인 2~7세가 황금기이며, 이 시기를 놓치면 자유로운 표현보다는 형식적이고 기능적인 그리기로 고착되기 쉬우며, 내면의 세계를 풍부하게 표현하는 능력은 제한될 수 있습니다.

유아 미술, 단순한 그림을 넘어서

유아들에게 미술은 학습 매체이자 정서적 표현 도구입니다. 아이들은 그림을 통해 내 생각과 감정을 자유롭게 드러내며, 자신만의 언어로 표현하기 시작합니다. 이러한 과정은 자존감과 자신감, 상상력과 창의성, 감정 조절력 등을 길러줍니다.

정서발달과 함께 소근육 발달과 언어와 인지의 통합 발달, 몰입과 집중력 향상뿐만 아니라 감정의 카타르시스의 효과가 있습니다.

유아 미술은 다양한 발달 영역에 긍정적인 영향을 주며, 단순한 기능이 아니라 내면을 드러내는 철학적 도구입니다.

인문학적 미술 접근 – 감수성과 세상의 이해

미술을 통한 인문학적 접근은 아이들이 보고 느끼고 생각하는 모든 것을 미술이라는 매체를 통해 표현하고, 자신과 다른 사람을 이해하고, 사회와 세상을 새롭게 바라보게 합니다.

아이들은 똑같은 도입에도 각자 자신만의 독창적인 방식으로 자신을 나타냅니다.

끄적거린 낙서와 같은 마구 그린 그림에도 자신만의 생각과 감정, 이야기가 담겨 있습니다.

그림 속 표현은 곧 아이의 철학이며, 세계와의 대화입니다. 이러한 미술 활동에 인문학적 깊이를 더할 때, 아이는 풍요한 내면을 지닌 사람으로 성장할 수 있습니다. 감수성, 상상력, 표현력, 문제 해결력, 공감 능력은 모두 이런 예술-인문 통합 활동에서 자연스럽게 자라납니다.

명화 감상으로 만나는 시대와 인간

명화 감상은 시대와 인간을 이해하는 데 매우 유익한 도구입니다. 그림 속 인물과 상황을 통해 다른 시대 사람들의 삶과 감정을 들여다볼 수 있으며, 이는 감정 이입과 역사적 상상력을 자극합니다.

"제아무리 위대한 운명을 타고난 사람이라도 몸과 마음이 온통 평범한 것에 둘러싸여 있다면 평범한 존재밖에 될 수 없습니다. 하지만 평범하기 짝이 없는 운명을 타고난 사람이라도 몸과 마음과 생각이 늘 위대한 것과 만난다면 특별한 존재가 될 수 있습니다."

아이들에게 위대한 작품과 만나는 기회를 자주 주는 일, 그 자체가 인문학적 교육의 실천입니다. 아이의 감성과 지성이 균형 있게 자라도록 돕는 통로이기도 합니다.

위대한 예술과 만나는 아이들 - 명화 감상과 이미지 사고

특별한 교육은 특별한 만남에서 시작됩니다

우리의 아이들을 특별한 존재로 교육하고 싶다면, 특별한 기회를 주어야 합니다.

위대한 음악가들의 음악과, 위대한 미술가들의 작품들을 온몸으로 만난다면 어떻게 될까?

평범한 것들과 열등한 것들로 찌들지 않도록, 위대한 작품을 통해 위대한 작가들을 매일 만나는 가슴 뛰는 환경에 푹 잠기도록 위대함의 예술교육 환경에 아이들과 함께 푹 빠져보세요.

명화 감상 교육의 힘

명화 감상 교육은 유치원에서도 주제와 연계하여 활용하는 교육으로, 말로 많이 설명하는 것보다 위대한 화가의 그림 한 점이 더 주제를 쉽고 폭 넓게, 새로운 시각으로 설명하기도 합니다. 이는 아이의 창의적 상상력의 문을 열어줄 뿐만 아니라 주제가 더 명료해지기도 하고 확장됩니다.

'예술적으로 가치 있는 그림", 즉 명화 감상을 통해 위대한 작가와의 만남의 시간은 단순히 눈으로 보는 교육을 넘어서 '마음으로 느끼고 생각하는 교육'입니다. 예술을 통해 아이와 어른 모두가 더 깊이 있는 인간으로 성장할 수 있는 소중한 통로입니다.

작품에 담긴 감정, 메시지, 시대적 배경을 나눌 수 있고 작품 안에서 심미적인 감수성과 표현력, 사고력과 공감력을 키우는 중요한 역할을 합니다.

서로 다른 해석, 서로를 존중하는 배움

아이들과 함께 다양한 시대와 문화를 감상하는 것은 훌륭한 인문학 수업이 될 수 있습니다. 같은 그림을 보고도 서로 다른 해석과 느낌을 가질 수 있음을 알려주고, 서로의 생각을 경청하여 다름을 인정하는 태도를 배웁니다.

그림 한 점에는 화가의 삶과 그 시대의 사회상, 그리고 당시 사람들이 가졌던 생각과 감정이 고스란히 담겨 있으므로, 예술을 통해 삶과 세상을 더 깊이 이해하고, 표현하는 힘을 길러주는 통합적이고 전인적인 인성과 창의성 교육으로 확장할 수 있습니다. 그러나 가장 중요한 교육 목표는 위대한 작가와 만나는 인문학 공부법으로 그의 생각과 감정, 미학, 시대적 배경 등을 연계하여 확산적이고 통합적인 생각으로 인간다움을 찾아가는 생각 교육법입니다.

이미지로 생각하라 - 아인슈타인 고백

아인슈타인은 과학자인데도 숫자나 공식으로 생각한 적이 없고, 그는 예술가처럼 이미지로 생각했다고 고백했습니다.

"이미지는 본질이고, 숫자나 기호는 현상이다. 나는 무엇을 생각할 때, 먼저 이미지를 떠올린다. 내가 이미지들을 마음대로 다룰 수 있게 된 후에야 내 생각을 생각이나 말, 숫자로 표현할 수 있다."

아인슈타인은 스위스 최고의 인문학자이자 교육자인 페스탈로치가 만든 학교에 다녔는데, 여기서 서양 최고 수준의 형상화 교육, 즉 이미지로 생각하는 교육을 받았습니다. 그 교육의 핵심은 어떤 물리학적인 상황을 구체적인 형체가 있는 것처럼 보고 느끼고, 조작하고 변화를 관찰하되 이 모든 것을 머릿속에서 상상해 내고, 지지와 격려, 사랑의 상호작용을 통해 자신감을 북돋아 주는 교육에서 비로소 나타납니다.

아이들에게는 많이 그릴 수 있는 기회, 생각을 자유롭게 표현할 자유, 그리고 무한한 격려와 지지를 통한 자신감이 필요합니다.

미술 표현을 통한 자녀 이해

아직 언어로 감정을 말하기 어려운 유아기에, 그림은 내면을 비추는 거울입니다.

아이들은 그림을 통해 자신의 생각, 감정, 기질을 표현합니다.
이 과정은 아이의 정서, 인지, 성격을 이해할 수 있는 안전하고 깊이 있는 통로입니다.

반복적이고 작고 조밀한 그림 → 불안감, 통제 욕구
크고 자유로운 선과 색감 → 자신감, 안정감, 개방성

유아 미술은 놀이를 통한 배움이며, 아이의 마음을 여는 열쇠입니다. 정서, 인지, 신체, 사회성, 창의성을 고르게 발달시켜주는 유아 미술은 비언어적 감정 표현 수단으로, 유아의 불안, 기쁨, 두려움 등을 자연스럽게 표출하게 도와줍니다.
전인적 성장의 토대가 되고 자유로운 미술 활동은 정서를 안정시키고 자존감을 높이며, 내면을 치유하는 효과도 있는 전인적 성장의 바탕입니다.

음악 놀이와 정서 교감 :
소리로 연결되는 우리

소리로 마음을 여는 교육, 인문학이 들려주는 음악의 지혜

우리는 자녀가 말을 잘하길 바랍니다. 그러나 진정한 소통은 '듣는 것'에서 시작됩니다. 음악은 바로 그런 '듣는 예술'입니다. 소리를 듣고, 그 차이를 느끼며, 리듬의 흐름을 따라가고, 타인의 연주에 집중하고, 듣는 과정은 아이에게 경청의 태도를 익히게 합니다. 이는 인간관계의 기초이자, 인문학의 핵심인 '상대의 이해'의 출발점입니다.

어린 시절, 아이들은 종종 말로 설명하기 어려운 감정을 마주합니다. 갑자기 눈물을 흘리거나, 짜증을 내거나, 자신도 알 수 없는 감정의 혼란 속에서 몸을 뒤척입니다. 그럴 때, 음악은 말로 다 표현할 수 없는 감정의 파도를 담아낼 수 있는 안전한 그릇이 되어줍니다. 아이는 슬픈 노래를 부르며 눈물을 흘리고, 경쾌한 리듬에 몸을 맡기며 웃음을 터뜨리기도 합니다. 음악은 아이의 내면 깊은 곳에 다가가 위로하고, 감정을 정리하고, 삶의 아름다움을 감각 하는 힘을 심어주는 역할을 합니다.

합창과 합주, 리듬악기 놀이를 할 때, 아이는 자연스럽게 친구와 박자를 맞추고 소리를 조화시키는 법을 배웁니다. 이는 공동체 속에서 살아가기 위한 아름다운 예행 연습이자, 더불어 사는 삶의 첫걸음입니다. 인문학은 인간이 홀로 존재하는 존재가 아님을 일깨워 줍니다. 그리고 음악은 그런 진리를 몸으로 익히게 해주는 통로입니다. 타인의 감정에 마음을 기울이고, 함께 노래하고, 함께 소리를 만들어가는 경험은 아이에게 공감과 조율, 그리고 함께하는 기쁨을 일깨워 줍니다.

음악은 언어보다 더 먼저 감정을 전하고, 말보다 더 깊이 마음을 움직입니다. 아이들은 음악을 통해 복잡한 감정을 번역하고, 자신을 이해하며, 나아가 타인을 이해하는 힘을 키워갑니다. 음악은 말하지 않아도 자신의 내면을 보여주는 거울이 되고, 삶을 풍성하게 하는 예술이자, 사람을 아름답고 선하게 이끄는 교육입니다.

인문학적 감성을 키우는 7가지 음악 교육 실천법

1. 감정 표현 음악놀이 – 기분을 노래해요

"오늘 기분 어땠어요?" 이 한마디로 시작해 볼 수 있습니다. 아이가 느꼈던 기쁨, 슬픔, 화남, 신남 같은 감정을 소리로 표현하는 활동입니다. 슬플 때는 낮고 느린 소리, 신날 때는 빠르고 밝은 소리를 떠올리며 리듬악기(탬버린, 북, 실로폰 등)를 이용해 감정을 표현하며, 이러한 활동은 감정인식과 표현의 첫걸음이 됩니다.

2. 자연과 음악 연결하기 – 계절의 소리를 들어요

숲속 산책이나 비 오는 날, 아이와 함께 자연의 소리에 귀 기울여보세요. 그 소리를 악기나 목소리로 표현하며 '자연과 하나 되는' 감각을 경험합니다. 바람 소리는 어떤 소리일까요? 눈 오는 날의 고요함은 어떤 박자로 표현할 수 있을까요? 아이는 이러한 경험을 통해 자연을 감각하고, 그 감정을 음악으로 번역하는 힘을 키워갑니다.

3. 그림책 + 음악 활동 - 이야기 속 음악 만들기

그림책 속 장면에 어울리는 소리를 상상하고 직접 만드는 활동입니다. 예를 들어, 『무지개 물고기』를 읽고 바닷소리 배경음이나 물고기 수영 리듬을 만들어 볼 수 있습니다. "무지개 비늘 반짝반짝~" 같은 간단한 후렴을 아이와 함께 만들며 이야기를 음악으로 확장해 가는 이 시간은 상상력과 창의성을 자극합니다.

4. 우리 가족 테마송 만들기 - 가족의 노래를 만들어요

우리 가족만의 노래를 만드는 것도 특별한 경험이 됩니다. "안녕~", "맛있다~", "사랑해요~" 같은 일상 언어로 가사를 만들고, 반복되는 후렴구를 더해 가족의 정서적 유대감을 강화합니다. 자주 부르며 자연스럽게 '우리만의 언어'를 음악으로 만들어가는 활동은 가족 공동체 안에서 아이의 정서적 안정감을 높여줍니다.

5. 자유롭게 듣기 - 느낌을 그림으로 표현해요

클래식이나 자연의 음악을 들으며 느끼는 감정을 색깔이나 그림으로 표현해 봅니다. 생상스의 『동물의 사육제』, 비발디의 『사계』, 드뷔시의 『달빛』 같은 곡들을 들으며 "이 음악엔 어떤 동물이 나올까?", "어떤 색깔이 떠올라?"라고 질문해보세요. 말보다 이미지로 표현하는 이 활동은 감정과 감각의 통합적 발달을 돕습니다.

6. 즉흥 노래 대화 – 말 대신 노래해요

"지금 뭐 하고 싶어요?" 엄마가 노래로 묻고, 아이가 "저는 뛰어놀고 싶어요!"라고 노래로 답해보세요. 이처럼 말 대신 노래로 소통하는 '즉흥 노래 대화'는 아이의 창의성을 자극하고, 부모와의 유대감을 깊게 만들어줍니다. 놀이처럼 즐기며 언어 감각과 표현력을 자연스럽게 익힐 수 있습니다.

7. 새 노래 배우기 – 내 마음을 노래해요

새로운 노래를 배운다는 것은 단순히 가사와 멜로디를 익히는 것이 아니라, '내 안의 감정'을 세상에 표현하는 시작입니다. 아이는 자신만의 율동을 만들고, 가사를 바꿔 부르며 창의적으로 노래를 재구성합니다. 이는 자율성과 자기 표현력을 기르고, '나'를 발견하는 과정이 됩니다.

노래는 언어 습득에 도움을 줄 뿐 아니라, 기억력과 문장력, 추론력까지 키워주는 통합적 교육입니다. 그리고 다양한 감정이 담긴 노래를 경험함으로써, 아이는 정서를 이해하고 조절하는 능력을 키워갑니다.

음악 감상 활동 – 감정의 귀를 열어주는 시간

고전음악은 말로 설명되지 않는 감정을 아름다운 소리로 전달합니다. 아이는 그 소리를 들으며 마음속 감정을 알아차리고, 그림이나 동작, 이야기로 표현해 봅니다. 가사가 없는 음악은 오히려 상상력을 자극하고, 아이만의 이야기를 창조해가는 무한한 상상의 터널이 됩니다.

드뷔시의 달빛을 들으며 '밤하늘을 날아가는 새'를 상상하고, 비발디의 사계를 들으며 '봄의 들판을 달리는 토끼'를 떠올리는 이 시간은 아이의 내면을 감각적으로 확장해줍니다. 감정 표현, 상상력, 공감력, 창의력 – 이 모든 것이 음악 감상을 통해 하나로 연결됩니다.

고전음악은 글쓰기, 미술, 신체 표현 등 다양한 예술 활동과 통합적으로 연계할 수 있어 융합적 사고를 자극하는 데 탁월합니다. 또한, 음악을 통해 아이는 '슬프다, 즐겁다, 무섭다'와 같은 감정을 스스로 인식하고, 이를 다른 사람과 나누는 법을 배워갑니다.

프로젝트 활동의 도입을 음악 감상을 시작으로 했을 때 아이들 내면의 다양한 창의적 상상력을 만날 수 있었습니다.

음악은 아이의 정서와 감각, 창의성을 깨우는 인문학

음악 놀이는 단순한 '놀이'가 아닙니다. 그것은 아이의 내면에 있는 천재성과 감정의 언어를 깨우는 '인문학적 감성 교육'입니다. 이 시간을 통해 아이는 자신을 이해하고, 세상과 소통하며, 더불어 살아가는 지혜를 배웁니다.

유아기의 음악 교육은 곧 삶의 감각을 일깨우는 시간입니다. 소리를 듣고, 느끼고, 표현하며, 자신을 노래하게 하는 이 교육은 인간다움의 시작이자, 인문학이 안내하는 가장 따뜻한 배움의 길입니다.

숲과 생태 이야기 : 자연은 아이의 스승

살아 있는 자연 속에서 배우는 것

숲은 살아 있는 생명의 이야기로 가득한 공간입니다. 그 안에는 나무와 곤충, 흙과 물, 햇빛과 바람이 어우러져 하나의 생태계를 이루고 있습니다.

우리는 교육을 이야기할 때, 흔히 얼마나 많이 아는가에 관심을 갖기 쉽지만, 자연은 책 속에만 있는 대상이 아닙니다. 아이들에게 숲은 움직이고, 냄새나고, 소리가 나는 살아 있는 존재입니다.

꽃 이름을 외우는 것보다, 그 꽃의 향기를 맡고, 만져보고, 피어나는 모습을 지켜보는 것이 먼저입니다. 자연 속에서 아이는 눈으로 보고, 귀로 듣고, 코로 냄새 맡고, 손으로 만지며 온몸의 감각을 열어 세상과 연결됩니다. 이것이 바로 감각에서 시작되는 진짜 배움입니다.

생태교육 - 관계를 배우는 교육

생태교육은 단순히 사물을 가르치는 것이 아니라, 생명 간의 '관계'를 가르치는 교육입니다. 벌레 하나, 풀 한 포기, 지나가는 바람까지 모두가 서로 영향을 주고받으며 살아갑니다.

아이들은 자연 속에서 '나는 혼자가 아니라 서로 연결된 존재구나' 하는 감각을 몸으로 느낍니다. 이 감각이 바로 공감 능력의 씨앗이며, 생명에 대한 존중심이 싹트는 출발점입니다.

숲은 단순한 놀이터가 아닙니다. 아이의 몸과 마음, 감정과 상상이 자유롭게 흐르는 배움의 터전이자, 놀이터인 동시에 교실이고, 안식처인 동시에 실험실입니다.

"이건 뭐지?"라는 아이의 호기심이 숲 안에서 놀이가 되고, 놀이가 곧 배움이 됩니다. 오늘의 숲은 어제와 다르고, 내일도 달라질 것입니다. 아이는 그날그날의 숲속에서 자신만의 놀이를 창조해 나갑니다.

지식 중심 교육은 정답을 알려주려 하지만 생태적 놀이는 질문을 품게 만듭니다.

나뭇잎 아래 숨어 있는 벌레는 왜 거기에 있을까?

구불구불한 나뭇가지에는 어떤 이야기가 담겨 있을까?

숲에서 만나는 곤충, 낙엽을 밟는 소리의 변화, 부드러운 바람이 모든 것이 아이의 감각을 깨우고 아이들로 환호하게 합니다.

인공적인 자극은 빠르게 반응하게 하지만 쉽게 피로감을 주는 반면, 자연의 자극은 느리지만 깊고 오래 남습니다. 자연은 아이에게 "멈추고 바라보아라." 하고 속삭이며, 정서적인 안정과 내면의 호흡을 회복하게 합니다. 이는 아이는 물론 부모에게도 쉼과 회복, 그리고 관계의 회복을 주는 공간입니다.

우리는 이미 알고 있습니다. 수많은 예술가와 과학자들이 자연에서 영감을 얻었고, 그 안에서 창조적 상상력을 펼쳐왔다는 사실을 말이지요.

부모가 곁에 있을 때 자연은 더 큰 배움이 된다.

자연 속에서 아이는 단지 자연만을 경험하는 것이 아닙니다. 아이는 함께 있는 부모의 말과 태도, 표정과 반응을 오롯이 내면화합니다. "어머, 이 나뭇잎 정말 예쁘다"라는 부모의 감탄은 곧 아이의 감탄으로 이어집니다. 반대로 "벌레 징그러워, 치워!" 이러한 말은 두려움과 거부감을 학습시킬 수 있습니다.

자연 안에서 부모와 자녀가 함께 하는 활동은 그 자체로 교육이자 놀이이고, 동시에 평생 잊지 못할 추억이 됩니다. 자연은 말없이 부모와 아이의 관계를 회복시키는 최고의 장입니다. 무엇보다도 아이는 사랑받고 있다는 깊은 감정을 숲속에서 부모와 함께하는 순간순간을 통해 체감하게 됩니다.

부모가 아이와 숲에서 함께하면 좋은 점

정서적 유대가 깊어집니다

숲은 방해받지 않는 환경에서 부모와 아이가 함께 걷고, 웃고, 멈추고, 이야기할 수 있는 소중한 시간을 선물합니다. 자연은 말보다 감정이 흐르도록 도와주는 공간입니다.

감정 조절력과 안정감이 자랍니다

숲의 빛과 바람, 새소리와 나뭇잎의 흔들림은 아이의 신경계에 긍정적 자극을 주며 스트레스를 낮춰줍니다. 부모 역시 자연 속에서 진정되며, 더 부드럽고 편안한 상호작용이 가능해집니다.

함께 놀며 '같은 눈높이'가 됩니다

숲에서는 아이가 중심입니다. 부모가 아이의 속도에 맞춰 함께 놀아주면, '지켜보는 부모'에서 '같이 노는 부모'로 변화하게 됩니다. 아이는 부모가 자신의 세계로 들어와 준다는 사실만으로도 큰 사랑을 느낍니다.

아이의 생각과 성장을 자연스럽게 관찰할 수 있습니다

아이가 자연을 관찰하고 표현하는 모습 속에서, 평소 몰랐던 감수성, 사고력, 언어 표현력 등을 발견하게 됩니다. 이때 부모는 '가르치는 사람'이 아니라 '함께 배우는 사람'이 됩니다.

자연의 가치를 함께 배울 수 있습니다

생명을 소중히 여기고, 계절의 변화를 느끼며, 생태계의 순환을 경험함으로써 생태 감수성과 책임감을 자연스럽게 키울 수 있습니다. 환경교육은 말이 아니라 함께하는 삶 속에서 전해집니다.

몸과 마음이 건강해집니다

숲에서의 걷기, 오르기, 감각 자극은 아이의 신체 발달에 유익할 뿐 아니라, 부모의 건강과 회복에도 긍정적 영향을 미칩니다. 웃고, 뛰고, 놀며 함께 보내는 시간은 가족 전체의 정신적 에너지를 회복시켜 줍니다.

숲속에서 부모는 가르치는 존재가 아니라, 아이와 삶을 함께 공감하는 친구 같은 존재가 됩니다. 그 속에서 아이는 신뢰와 존중을 배우고, 부모는 자녀의 진짜 모습을 다시 보게 됩니다.

부모와 함께하는 숲속 하루

자연은 부모와 자녀를 이어주는 따뜻한 다리가 되어줍니다. 특별한 계획이 없어도 괜찮습니다. 아이는 스스로 놀이를 만들고, 뛰고, 움직이며 삶의 근육이 자랍니다. 자연물 하나하나가 아이에게는 새로운 세상이고, 놀잇감이며, 배움의 교재가 됩니다.

* 오감을 깨우는 자연 체험 - 함께 눈을 감고 숲의 소리를 들어보세요. 새소리, 바람, 풀잎이 스치는 소리…. 어떤 소리가 가장 좋았나요?
* 향기로 추억 만들기 - 나무껍질이나 솔잎, 꽃향기를 맡아보고 그 느낌을 나눠보세요. "이 향은 어떤 기분이 들었어?"
* 자연물 보물찾기 - 구불구불한 나뭇가지, 노란 잎, 날개 달린 씨앗을 찾아보며 보물찾기를 해보세요.

아이들은 간섭보다 관찰 속에서 자랍니다. 숲에서 부모가 건네는 질문은 정보 전달보다는 감각을 깨우고 마음을 여는 문이 됩니다. "이건 뭐야~?"보다 "너는 어떻게 느꼈어?" "그렇게 생각하니 정말 멋지다!"라는 공감과 지지의 언어가 아이의 마음을 엽니다.

아이들은 부모와 함께한 숲속의 경험을 기억합니다. 그리고 그 기억은, 훗날 어떤 어려움 속에서도 자신을 지탱해주는 내면의 힘이 됩니다. 자연에서 배우는 삶은 흔들림 없는 인성과 정서의 뿌리를 내리는 일이기도 합니다.

놀이, 인문학의 첫걸음 :
유아 놀이의 의미

놀이 – 존재를 드러내는 놀이

"놀 때 가장 나다워요."
유아에게 놀이는 단순히 즐거운 활동이나 학습을 위한 도구가 아닙니다. 그것은 바로 존재의 표현이며, 삶 그 자체입니다. 아이들은 놀이 안에서 자신을 드러내고, 세계와 만나며, 내면의 감정과 생각을 자연스럽게 펼쳐냅니다. 놀이를 통해 아이는 "나는 존재해요"라고 말하고 있는 것입니다.

말보다 놀이가 먼저인 아이들
유아는 말보다 몸과 감각, 움직임과 상상으로 세상과 만납니다. 언어 이전에, 설명 이전에 아이들은 이미 자신을 놀이로 말하고 있습니다.
모래 위에 앉아 아무 말 없이 구멍을 파는 아이, 인형에게 "괜찮아"를 속삭이는 아이, 혹은 가상의 동물 친구와 대화하며 거실을 뛰노는 아이. 우리는 종종 이 장면들을 귀엽고 재미있는 행동쯤으로 여깁니다. 하지만 그 순간은 아이가 자신의 내면, 감정, 삶에 대한 태도를 놀이로 펼치는 매우 진지한 시간입니다.

놀이를 보면 아이의 현재가 보입니다. 말로 설명할 수 없는 복잡한 감정, 이해되지 않는 상황에 대한 반응, 혹은 머릿속을 맴도는 상상과 기억이 놀이의 모습으로 드러납니다. 그래서 놀이란 아이가 지금 '존재하고 있음'을 가장 분명하게 보여주는 방식입니다.

놀이, 존재의 언어

철학자 가다머는 "놀이는 목적을 가지지 않는다. 오히려 인간이 놀이에 초대된다"라고 말했습니다. 유아의 놀이가 그러합니다. 아이는 놀이를 계획하거나 결과를 생각하지 않고, 그저 몰입하고, 흘러들며, 자기 안의 어떤 감정과 상상, 이야기를 자유롭게 펼쳐냅니다. 이때 놀이는 자기 존재를 확인하는 하나의 의식이자 표현 행위입니다.

"나는 이걸 좋아해", "나는 무서워", "나는 상상해", "나는 사랑해" 아이는 놀이를 통해 자신을 말합니다. 따라서 놀이를 지나치게 분석하거나 성과 중심으로 해석하는 시도는 오히려 아이의 '존재 언어'를 왜곡할 수 있습니다. 놀이를 그 자체로 인정하고, 아이의 세계에 귀 기울이며, 존중하는 태도가 무엇보다 중요합니다.

자유롭고 주도적인 놀이가 주는 힘

놀이는 누가 시켜서 하는 것이 아닙니다. 아이 스스로 만들어가는 과정입니다. 놀이가 진정한 자기표현이 되기 위해서는 자유롭고 주도적인 참여가 전제되어야 합니다.

교사나 부모가 일방적으로 아이에게 재료를 주고 활동을 계획하고 "이건 이렇게 하자"고 말하는 순간, 그 놀이는 이미 '과제'가 되어버릴 수 있습니다. 반대로 아이가 스스로 놀이를 구성하고, 규칙을 만들고, 역할을 나눌 때 그 안에는 자신만의 세계관, 질서, 감정, 이야기가 담깁니다. 그 자체가 존재의 무대입니다.

예를 들어 한 아이가 장난감 동물을 모두 침대에 눕히고 담요를 덮어주며 "이제 아픈 아기들이 다 나았어"라고 말한다면, 그건 단순한 소꿉놀이가 아닙니다. 어쩌면 병원을 다녀온 경험, 아픈 가족에 대한 마음, 혹은 자기 안의 불안을 돌보려는 무의식적 움직임일 수 있습니다. 아이의 놀이는 곧 아이의 삶이며 세계입니다.

우리는 그 놀이를 읽을 수 있을까요?

놀이는 하나의 텍스트와도 같습니다. 우리가 그것을 읽을 수 있다면, 아이의 내면과 삶을 이해할 수 있습니다. 그러나 그 읽기는 해석이 아니라, 공감이어야 합니다.

"왜 이걸 하지?"가 아니라 "이렇게 놀고 싶구나",

"이건 무슨 의미지?"가 아니라 "이런 마음이 있구나"라고 느끼는 태도. 아이의 놀이에 의미를 부여하려 하기보다, 아이가 말하지 못하는 것을 대신 느끼고, 함께 머물러주는 것, 그것이 진정한 인문학적 놀이 동반자입니다.

아이의 놀이를 통제하려 하지 말고, 놀이가 펼쳐질 수 있도록 공간과 시간을 열어주는 것이 어른의 역할입니다. 기다림과 수용, 그리고 동행이야말로 존재의 언어로서 놀이를 존중하는 방식입니다.

놀이를 통해 아이는 세상과 연결되고, 자기 자신을 발견하고, 삶을 구성하는 것은 자신의 감정과 생각을 자유롭게 표현하며, 소통할 수 있는 기회를 제공하는 방식입니다.

놀이 중심 교육과 유아 발달

놀이 중심 교육은 아이들이 자연스럽게 배워나가는 방식입니다. 놀이 속에서 아이들은 상상하고, 표현하며, 협력하고, 문제를 해결합니다. 이는 지식의 전달을 넘어 삶을 구성하는 지혜를 배우는 과정입니다. 다양한 놀이 유형을 살펴보면 다음과 같습니다.

1. 자유 놀이 (Free Play)

아이들이 규칙이나 목표 없이 스스로 놀이를 창조합니다. 이 속에서 창의력, 자기 주도성, 감정 조절 능력이 자랍니다.

2. 역할놀이 (Role Play)

의사, 엄마, 동물, 기사 등 다양한 역할을 하면서 사회적 관계를 익히고 상상력을 발휘합니다. 유아는 자신을 다른 사람의 입장에서 바라보는 경험을 하며 공감 능력을 키웁니다.

3. 예술적 놀이 (Artistic Play)

미술, 음악, 춤 등 예술 활동을 통해 정서 표현과 미적 감각을 기릅니다. 자유롭게 그리기, 만들기, 춤추기 등의 활동은 자기표현과 창의성의 원천입니다.

4. 소리와 리듬 놀이 (Sound and Rhythm Play)

악기나 목소리, 신체를 활용하여 소리와 리듬을 경험합니다. 음악 감각, 청각적 집중력, 감정 표현 능력 등을 발달시킵니다.

5. 극놀이 (Dramatic Play)
이야기 속 상황이나 인물을 연기하는 놀이입니다. 이야기 구성력, 감정 이입 능력, 문제해결 능력, 사회성까지 통합적으로 발달합니다.

6. 게임 놀이(Games)
규칙과 목표가 있는 게임을 통해 아이는 규칙의 의미, 협력, 경쟁, 전략적 사고를 배웁니다. 게임은 정서조절과 인내심을 기르는 데도 효과적입니다.

극놀이는 아이들이 역할을 맡아 상상력과 감정을 표현하는 데 중점을 둡니다. 상호작용과 감정 표현이 중요한 요소로 창의성과 상상력이 중요시됩니다. 게임에서는 규칙을 지키며 경쟁하거나 협력하는 것이 중요합니다. 게임에서는 창의성이 전략이나 문제해결 능력으로 표현되며, 아이들은 창의적인 전략을 구상할 수 있습니다.

놀이를 통해 세상을 배우는 아이들
놀이 속에서 아이는 자기 자신을 발견하고, 타인과 연결되며, 삶을 구성합니다. 놀이 중심 교육은 이러한 자연스러운 성장 과정을 존중하며, 유아의 전인적 발달을 돕는 강력한 도구입니다.
특히 정서 발달과의 연관성은 매우 깊습니다. 놀이를 통해 아이는 감정을 자연스럽게 표현하고 이해하며, 타인의 감정에 공감하고, 자아를 조절하는 능력을 키워갑니다. 결국, 놀이란 유아기 인간이 세상과 마음을 배우는 가장 원초적이고 아름다운 방식이며, 인문학의 첫걸음입니다.

프로젝트 기반 :
묻고 탐구하는 아이

아이는 질문하며 자랍니다

"왜 비가 오는 거예요?", "쓰레기는 어디로 가요?", "나무도 숨을 쉬어요?"

어른에게는 당연하게 느껴지는 일상도 아이에게는 새로운 질문의 세계입니다.

유아기의 아이는 세상을 끊임없이 묻고 탐색하며 자랍니다. 질문은 단순한 호기심의 표현이 아닙니다. 질문은 아이의 사고가 살아 있다는 신호이며, 배움이 시작되는 출발점입니다.

이 장에서는 아이의 질문을 의미 있는 배움으로 연결하는 교육 방법, 프로젝트 기반 학습(Project-Based Learning, PBL)과 인문학적 관점의 결합을 중심으로 이야기합니다. 이 두 흐름은 모두 '사람답게 배우는 힘', 즉 단순한 지식이 아닌 통합적 사고력, 감정과 공감 능력, 자기 주도적 태도와 같은 깊은 성장을 추구합니다.

프로젝트 기반 학습이란?

PBL은 아이들이 실제 문제나 흥미 있는 주제를 중심으로 스스로 질문하고, 조사하고, 해결해 나가는 과정 중심의 학습 방법으로, 아이들은 삶과 연결된 주제를 탐구하고, 협력하며 문제를 해결하는 지식·기술·태도를 통합적으로 배우는 것이 핵심입니다.

1. 탐구 중심 - "왜 그럴까?"에서 시작되는 배움
  프로젝트 학습은 아이의 궁금증을 출발점으로 합니다. 아이는 단순히 지식을 외우는 것이 아니라, 자기 질문을 통해 스스로 사고하고 탐색하는 여정에 나섭니다.
  예를 들어,
"비는 왜 내릴까?"라는 질문은
  - 구름 만들기 실험,
  - 물의 순환 그림책 읽기,
  - 빗물 관찰하기와 같은 활동으로 확장됩니다.
  아이의 질문은 단순한 호기심을 넘어, 자기 주도적 사고와 학습의 동력이 됩니다.

2. 문제해결 중심 - "내가 할 수 있는 일"로 연결되는 배움
  PBL은 실생활 문제를 중심으로 학습을 전개합니다.

예를 들어,
"쓰레기가 왜 이렇게 많을까?"라는 질문은
 - 분리수거 방법 알아보기,
 - 마을 청소 캠페인 기획하기 등으로 확장됩니다.
  아이들은 단지 문제를 관찰하는 데 그치지 않고, 자신이 할 수 있는 작은 실천으로 연결하며 문제해결 능력을 키워나갑니다.

3. 통합적 학습 – 주제를 통해 연결되는 다양한 영역
프로젝트는 교과 간 경계를 허물고, 하나의 주제를 통해 다양한 영역을 통합적으로 배울수 있는 기회를 제공합니다.

예: 주제 '나무'
과학: 나무 관찰하기, 나무의 구조 알아보기
언어: 나무에게 편지 쓰기, 나무 일기 쓰기
예술: 나뭇잎 탁본 찍기, 나무 그리기
사회성: 친구들과 나무 돌보기, 숲 체험 발표하기
배움은 교과서 안에서만이 아니라, 삶의 맥락 속에서 살아 있는 경험으로 이루어집니다.

4. 자기 주도성 – 배움의 주체가 되는 아이
PBL은 아이가 자신의 관심을 따라 스스로 질문하고 선택하며 학습하게 합니다.
정해진 틀 안에서 따라 하는 것이 아니라,
"나는 이게 더 궁금해요",
"이렇게 해보면 어때요?"
라고 말하는 자기 주도적인 태도를 키웁니다.
이때 교사는 지시자가 아니라, 아이의 생각과 탐색을 도와주는 동행자, 안내자가 됩니다.

5. 공유와 소통 – 나누면서 커지는 배움
PBL의 마지막은 표현과 나눔입니다.
아이들은 탐색한 결과를 친구들, 부모님, 교사와 함께 나누며 표현력과 공감 능력, 비판적 사고력을 함께 길러갑니다.

예를 들면,
작은 전시회 열기
역할극이나 인형극으로 발표하기
함께하는 프로젝트 공유 시간 갖기

이 과정을 통해 아이는 자신의 배움을 타인과 연결하며, 더욱 깊이 있게 내면화합니다.

왜 지금, 탐구 중심 프로젝트 학습이 필요한가?

1. 창의적 문제해결 능력을 기르게 됩니다.

PBL은 아이가 스스로 문제를 발견하고, 친구와 아이디어를 나누고, 해결 방법을 모색하는 과정 자체를 중심에 둡니다.

이는 정해진 답이 없는 문제에 유연하게 대응하는 힘, 즉 4차 혁명 시대의 핵심 역량을 기르게 합니다.

예를 들면, "우리 동네 쓰레기를 줄이려면?" 답) 아이가 조사하고, 친구들과 아이디어를 내고, 실천 계획을 세웁니다.

2. 융합적 사고와 통합 학습을 가능하게 합니다.

4차 산업혁명은 여러 분야가 함께 연결되는 시대입니다.

PBL은 과학, 언어, 미술, 사회 등 교과 간 경계를 허물고 통합적으로 사고하게 합니다.

3. 협력과 소통의 경험을 제공합니다.

기계가 할 수 없는 것은 결국 사람과 사람 사이의 관계 맺기와 소통입니다. 프로젝트 과정에서는 친구와 의논하고 함께 해결하며 협업하는 능력을 자연스럽게 기릅니다.

4. 자기 주도성과 평생학습 태도를 기르게 됩니다.

4차 혁명 시대는 빠르게 변화하는 시대로 스스로 배우고 익히는 힘(자기주도성)이 중요합니다.

PBL은 아이가 직접 궁금한 것을 탐색하고 학습을 이끌며, 배움은 나의 것이라는 경험을 심어줍니다.

5. 감정과 공감, 인문학적 성찰을 함께 담을 수 있습니다.

기술이 발달할수록, 오히려 인간적인 감성, 윤리, 공동체 의식이 중요해집니다. PBL은 아이가 주제를 통해 삶을 성찰하고 타인을 이해하는 인문학적 배움의 틀이 되기도 합니다.

한 문장으로 요약하면, 탐구 중심 프로젝트 학습은, 4차 혁명 시대에 필요한 인간다운 역량 즉, 창의력, 공감력, 자기주도성, 협업 능력을 키워주는 가장 인간적인 교육 방법입니다.

단순하게 지식을 받는 사람이 아니라 의미를 만들어가는 주체가 되도록 하는 힘 있는 교육 방식입니다.

인문학과 프로젝트 기반 학습의 공통점

인문학도, 프로젝트 학습도 "왜?" "어떻게?" 하는 궁금증에서 시작합니다. 아이들이 세상을 스스로 이해하려고 질문을 던지도록 이끕니다.

인문학: "행복이 뭐지?", "나는 왜 화가 났을까?"
프로젝트: "친구랑 사이좋게 지내려면 어떻게 하지?", "동네를 깨끗하게 만들 수 있을까?"

질문은 단순한 정보 수집이 아니라, 사고를 여는 열쇠입니다.

정답보다 '생각하는 힘'을 중요하게 여깁니다.
 - 인문학은 깊은 생각을 통해 삶을 이해하게 하고,
 - 프로젝트는 탐색과 실패, 표현의 과정을 통해 스스로 생각하도록 돕습니다.

　시험 중심 교육에서 경험하기 어려운, 자기 성찰과 사고의 깊이를 제공합니다. 다양한 의견을 나누고 내 생각을 표현해 보는 활동을 중시합니다.

자신의 경험과 연결합니다.
 - 인문학은 감정과 삶의 경험을 성찰하게 하고,
 - 프로젝트는 실제 삶의 문제에서 출발하여 배움을 실천으로 연결합니다.

표현하는 활동이 중요합니다.
　아이들은 말하고, 그리고, 만들고, 연기하며 나의 생각을 표현합니다. 그림, 편지, 역할극, 날씨 판 등은 생각과 감정이 표현되는 방식입니다.

　인문학은 공감과 관계를 중요시합니다. 프로젝트 학습도 협력, 역할 나누기, 의견 나누기 같은 활동이 중심입니다. 배움은 혼자가 아니라 함께 할 때 더 깊어집니다.

　역할극으로 감정 이해하기
　친구와 팀을 이루어 문제 해결하기
　서로 다른 생각을 들어보고 함께 정리하기

지금 우리가 아이에게 무엇을 길러주어야 할지 질문해 봅니다. 이제는 단순히 정답을 고르고 문제를 맞히는 능력이 아니라, 스스로 묻고, 탐구하고, 표현하고, 함께 배우는 힘이 아닐까요? 탐구 중심 프로젝트 학습은 지식의 습득을 넘어서 삶과 연결된 배움 그리고 사람다움을 키우는 교육입니다. 지금, 묻고 탐구하는 아이로 키우는 것. 그것이 우리가 지향해야 할 교육의 본질이며 그 안에서 아이는 창의적이고 따뜻한 인간으로 자라날 수 있습니다.

시민의식 키우기 : 함께 살아가는 힘

"우리는 혼자 살아갈 수 없어요. 함께 살아가는 법을 배워야 해요." 한 아이가 이런 말을 할 수 있다면, 그 아이는 이미 훌륭한 시민의 마음을 품고 있는 것입니다. 요즘처럼 경쟁과 성취 중심의 사회 속에서 '시민성'은 자칫 간과되기 쉽지만, 인문학은 우리에게 아이를 '더불어 사는 존재'로 기르는 깊은 통찰을 제공합니다.

시민성이란 무엇인가요?

시민성(citizenship)은 단지 법과 제도 속의 '국민'이 되는 것만을 의미하지 않습니다. 시민성은 공동체 안에서 타인과 더불어 살아가기 위한 태도와 능력을 말합니다. 민주사회에서 시민은 단지 권리를 누리는 존재가 아니라, 책임을 감당하며 타인을 배려하고 사회에 기여하는 사람입니다.

인문학은 인간이 공동체 속에서 어떻게 살아왔고, 어떻게 더 나은 사회를 만들고자 했는지를 되짚어 봅니다. 고대 그리스의 폴리스(도시국가) 개념부터, 근대 시민혁명, 현대의 생태 시민성에 이르기까지, 인문학은 늘 "함께 사는 삶"의 의미에 질문을 던져왔습니다.

자녀를 '시민'으로 기른다는 것은 곧 자신만의 삶과 가치뿐 아니라 타인의 삶과 권리를 존중할 줄 아는 아이로 성장시키는 것입니다.

'더불어 사는 마음'은 유아기부터 시작됩니다

흔히 시민성은 초등학교 이후에나 배울 것이다. 라고 생각하지만, 시민성의 씨앗은 유아기부터 뿌려집니다. 아이들이 또래와 놀이를 하며 질서를 지키고, 차례를 기다리고, 친구의 감정을 알아차리고 배려하는 모든 과정이 바로 공동체 훈련입니다.

예를 들어, 모래놀이를 하다가 친구가 만든 성을 무너뜨린다면, 어른은 아이에게 "그건 안돼!"라고 제지하는 데 그치지 않고, 왜 그런 행동이 타인에게 상처를 줄 수 있는지, 함께 놀기 위해선 어떤 약속이 필요한지를 차근차근 알려주어야 합니다.

이처럼 유아기의 놀이와 일상은 시민교육의 출발점입니다. 이는 단순한 예절 교육이 아니라, 공동체 구성원으로서 책임과 배려를 배우는 '삶의 교육'이기도 합니다.

인문학이 주는 세 가지 시민교육의 열쇠

인문학은 아이의 시민성을 키우는 데에 있어 단순한 도덕 교육을 넘어서는 깊이를 제공합니다. 다음 세 가지는 인문학이 제안하는 시민교육의 열쇠입니다.

1) 이야기 속에서 배우는 공감

문학과 고전 이야기는 아이의 마음을 확장시켜 줍니다.

예를 들어, 《작은 아씨들》의 베스처럼 조용히 남을 도우며 살아가는 인물이나, 《안데르센 동화》 속에서 부당함을 이겨내는 아이들의 이야기는 타인의 아픔에 마음을 여는 훈련이 됩니다.

공감은 시민성의 출발점입니다. 공감할 수 있어야 배려할 수 있고, 배려할 수 있어야 공동체가 형성됩니다.

2) 질문하고 참여하는 경험

"왜 규칙이 필요할까?", "모두가 행복한 사회는 어떤 모습일까?" 아이들과 함께 질문을 나누고, 역할극이나 협동 활동을 통해 규칙을 만들고 지켜보는 경험은 민주 시민성의 밑거름이 됩니다. 어른이 정한 규칙을 따르게 하기보다는, 아이 스스로 약속을 정하고 지키는 경험을 통해 책임감을 배웁니다.

"우리가 어떻게 하기로 약속했지?"라고 물을 수 있도록, 아이가 스스로 규칙과 약속을 만들고 지키는 문화를 만들어갈 수 있습니다.

유치원의 선생님들도 명령어 사용보다는 아이들과 미리 규칙을 정하고, "우리가 어떻게 하기로 약속을 했지?" 스스로 약속을 기억하고 그 약속과 규칙들을 스스로 지키게 합니다. 이러한 교육은 스스로 약속과 규칙을 지키는 시민성의 실천입니다.

3) 세상과 연결된 나

지리, 역사, 생태 인문학은 아이가 더 넓은 세상과 연결된 존재임을 느끼게 합니다. 가까운 시장, 도서관, 숲 등 지역사회를 체험하고, 자연과의 교감을 통해 아이는 '세상과 이어진 나'라는 정체성을 형성하게 됩니다. 이러한 체험은 공동체의 일원으로 살아가는 감각을 키워줍니다.

가정에서 할 수 있는 시민성 교육의 실천

시민성은 일상 속에서, 가정에서부터 자라납니다. 다음은 가정에서 실천할 수 있는 시민교육의 몇 가지 방법입니다.

* 가족회의 열기

가족이 함께 모여 아이의 의견을 듣고 결정하는 가족회의를 정기적으로 열어보세요. '주말 나들이 장소', '가사 역할 나누기', 'TV 보는 시간' 등을 주제로 투표나 합의 과정을 경험하게 하면, 아이는 공동체 일원으로서의 책임감을 자연스럽게 익힙니다.

* 지역사회와 연결되기

아이와 함께 투표소, 도서관, 마을 잔치, 플로깅 행사에 참여해 보세요. 지역 속에서 자신의 존재를 느끼고, 나눔과 참여를 통해 살아있는 공동체를 경험하게 됩니다.

* 함께 책 읽기와 대화

어린이 인문책을 함께 읽고, "너라면 어떻게 했을 것 같아?" 같은 질문을 던져 보세요. 아이는 다양한 관점을 받아들이고, 생각하는 시민으로 자라납니다.

디지털 시대, 더 절실해진 시민성

오늘날의 아이들은 디지털 세상 속 또 하나의 공동체 구성원입니다. 댓글을 달고, 콘텐츠를 공유하며, 정보를 퍼뜨리는 모든 행위가 디지털 시민성의 영역입니다.

하지만 그것이 누군가에게 상처가 될 수 있고, 잘못된 정보를 확산시킬 수 있다는 점을 이해하도록 도와야 합니다.

디지털 시민성 역시 공감, 책임, 배려의 태도에서 출발합니다. 인문학적 성찰을 바탕으로, 아이가 눈에 보이지 않는 상대를 배려할 수 있도록 이끌어야겠습니다.

함께 살아가는 아이, 함께 키우는 부모

인문학은 우리에게 묻습니다.

"너는 어떤 세상에서 살고 싶은가?"

그리고 자녀교육은 그 질문에 우리 아이와 함께 답을 써 내려가는 여정입니다.

아이를 '더불어 사는 사람'으로 키우는 것, 그것은 가장 깊고 오래가는 교육의 목표이자, 인문학이 부모에게 주는 큰 지혜입니다.

디지털 시민성 교육 – 연령별 실천 예시

*유아기(만 4~6세)

- 스크린 앞 예절 익히기: "다시 보기", "끄기"를 아이가 직접 조작하게 하며 자기조절 능력을 키웁니다.
- 감정 나누기 놀이: 유튜브나 디지털 동화 후 감정을 말로 표현하며 공감력 기르기.
- 순서 정하기 놀이: "이제 동생 차례야" 같은 규칙을 정하며 질서감과 배려 훈련.

*초등 저학년(7~9세) – 디지털 공동체의 기본 습관 만들기

- 좋은 댓글 쓰기: "고마워요", "멋져요" 등 긍정 댓글 놀이로 온라인 언어 훈련.
- 진짜와 가짜 구분하기: "고양이는 물을 싫어한다. – 사실일까?" 같은 퀴즈 놀이.
- 디지털 약속 만들기: "게임은 하루 30분", "식사 시간엔 폰 금지" 등 가족 약속 만들고 지키기.

함께 살아가는 아이, 함께 키우는 부모

아이에게 시민성을 가르치는 일은, 결국 부모가 먼저 '시민'으로 살아가려는 태도를 갖는 것에서 시작됩니다.

공공장소에서 예의를 지키고, 약자를 배려하며, 다양한 생각을 존중하는 부모의 행동은 말보다 더 강력한 시민교육이 됩니다.

인문학은 우리에게 묻습니다. "당신은 어떤 세상에서 살고 싶은가?" 그리고 자녀교육은, 그 질문에 아이와 함께 답을 써 내려가는 긴 여정입니다. 우리는 아이를 단지 똑똑한 아이로 키우려는 것이 아닙니다. 더불어 살아가는 사람, 배려할 줄 아는 사람, 책임을 아는 사람으로 키우고자 하는 것입니다.

시민성은 인문학이 부모에게 주는 지혜이며, 우리 아이를 세상과 연결된 존재로 성장하게 하는 가장 본질적인 힘입니다.

제 3 장.
성경에서 배우는 통찰 :
조건 없는 사랑

하나님 사랑 : 부모님 사랑 닮은꼴

부모의 조건 없는 사랑

"네가 물 가운데로 지날 때 내가 너와 함께할 것이라, 너는 내 것이라." (이사야 43:1-2)

산고 후 아이가 태어났을 때의 감격은 모든 부모님이 공감합니다. 너무나 작게 보이던 아가, 어떤 말도 서로 하지 않았지만, 무조건적인 사랑에 빠집니다. 조건이 없는 사랑, 그냥 존재만으로도 충분했습니다. 이 사랑은 하나님께서 우리에게 주신 사랑과 닮아있습니다. 우리가 아이에게 주는 무조건적인 사랑은 하나님께서 우리를 어떻게 사랑하시는지 보여주는 거울입니다.

사랑의 원형 - 하나님

우리는 "하나님은 사랑이십니다."라는 성경의 말씀을 인용하고는 합니다. 성경에서 "사랑하지 아니하는 자는 하나님을 알지 못하나니, 이는 하나님은 사랑이심이라." 이 사랑은 단지 감정이나 기분이 아니라 존재의 본질이다. 하나님의 사랑은 조건이 없는 사랑입니다. 한 부족하고 연약한 우리를 끝까지 품으십니다.

부모가 자녀를 사랑할 때 우리는 이 원형적 사랑을 조금 경험하게 됩니다. 아이가 실수할 때, 떼를 쓸 때, 반항할 때 조차도 사랑은 멈추지 않습니다. 때로는 화가 나고, 지치고 실망하기도 하지만, 그 모든 감정의 바닥에는 여전히 '사랑'이 자리하고 있습니다.

하나님 사랑 - 부모님 사랑 닮은꼴

하나님은 창조주이시고, 사람은 하나님의 모양대로 지음을 받았습니다. 부모는 자녀를 낳고 기르며 이것이 창조의 기적이듯, 부모는 자녀를 사랑합니다. 하나님께서 우리를 돌보시고, 오래 참으시고, 기다리시는 방식은 부모가 자녀를 대하는 태도 속에서도 그대로 반영됩니다.

하지만 인간의 사랑은 때로 약하고 흔들릴 수 있습니다. 특히 자녀가 부모의 기대를 벗어나기 시작할 때, 아이가 사회적 기준에서 '성공'하지 못할 때, 부모는 실망과 두려움을 느끼게 됩니다. 그러나 하나님은 우리가 실패할 때도, 방황할 때도, 가장 어두운 순간에도 함께 하십니다.

부모는 아이에게 조건 없는 사랑을 줄 수 있는 유일한 존재입니다. 그 사랑이 아이의 자존감이 되고, 세상을 살아가는 내면의 힘이 됩니다. "너는 존재 그대로 사랑받을 가치가 있어"라는 메시지는 아이의 평생에 반석과 같은 자신감과 힘이 됩니다.

변하지 않는 사랑 - 조건 없는 사랑

현대 사회는 성과 중심의 문화에 깊이 물들어 있습니다. 어릴 때부터 잘해야 칭찬받고, 더 뛰어나면 주목을 받습니다. 부모 역시 자신도 모르게 이런 기준을 내면화하게 됩니다. 아이는 성적과 재능, 사회적 성취에 따라 자부심을 느끼기도 하고 실망하거나 부끄러워하기도 합니다.

하지만, 하나님께서는 그렇게 사랑하지 않으십니다. 집을 나간 탕자를 기다리는 아버지처럼 언제나 문 앞에 서 계시면서 돌아오기만을 기다리고, 아무 조건 없이 품에 안아주십니다.

부모인 우리도 '잘해서가 아니라 존재 자체로 사랑받는 경험'을 아이에게 안겨 주어야 합니다. 그것이 하나님의 사랑을 전하는 방식이며, 하나님을 닮은 부모의 역할입니다.

사랑 - 가장 강력한 교육

아이의 성장을 돕는 다양한 방식의 교육이 존재합니다. 독서와 예체능, 좋은 교육기관을 보내려는 노력 등은 아이를 위한 사랑의 표현일 수 있습니다. 그러나 이 모든 것의 바탕에 무조건적인 사랑이 없다면, 아이는 혼란을 겪게 됩니다. 나는 사랑받기 위해 계속해서 성과를 내야 하는 존재인가? 하는 근원적인 질문이 아이의 내면에 뿌리를 내리게 됩니다.

그러나 하나님의 사랑을 아는 아이는 다릅니다, 그들은 실패해도 괜찮고, 실수해도 사랑이 떠나지 않는다는 진리를 안다. 그 사랑을 경험한 아이는 남도 그렇게 사랑할 수 있는 사람으로 자랍니다. 용납하고, 기다리고, 품어주는 사람이 되는 것입니다. 부모가 하나님의 사랑을 알고, 자녀에게 그 사랑을 흘려보낼 때, 진정한 인격 교육이 가능해집니다.

부모로 산다는 것은 하루하루가 연단이고 훈련입니다. 완벽할 수 없고, 때로는 죄책감에 시달리기도 합니다. 그런 부모들에게 하나님은 이렇게 말씀하십니다. "내가 너를 지명하여 불렀나니 너는 내 것이라." 부모가 먼저 이 사랑을 경험해야 합니다. 그래야 자녀에게도 그 사랑을 흘려보낼 수 있습니다.

하나님이 우리를 사랑하신 방법, 조건 없이, 끝까지, 매일매일 새롭게 사랑하신 그 사랑을 기억하며, 오늘도 자녀를 품고, 아이가 어떤 모습이든, 그 존재만으로도 충분하게 사랑스럽다는 확신을 줍니다. 하나님이 우리에게 그렇게 하셨듯이.

하나님은 부모에게 특별한 경험과 사명을 맡기셨습니다. 사랑을 가장 가까이에서, 가장 진실하게 보여주는 사람이 되라는 부르심입니다. 우리가 자녀에게 조건 없는 사랑을 할 때, 하나님의 마음을 배우고, 그 사랑을 세상에 흘려보내는 통로가 됩니다.

부모 됨은 하나님의 사랑을 살아내는 삶이고, 하나님의 사랑을 더 깊이 깨닫게 되는 복된 역할입니다. 자녀에게 그 사랑은, 아이의 평생을 지켜 주는 가장 깊은 뿌리가 됩니다.

자녀교육 - 부모도 함께 자랍니다

부모는 자녀를 낳고 키우며 이전에 경험하지 못한 사랑을 경험하고 하나님 아버지의 마음을 더 깊이 경험하게 됩니다.

자녀를 향한 사랑, 기다림, 용서를 통해 하나님의 자녀인 우리를 향한 그분의 사랑을 더 깊이 느끼고 이해하게 되며, 자녀를 키우며 흘리는 눈물과 기도는 하나님 아버지의 긍휼과 사랑을 더 깊이 알게 됩니다. 이는 자녀를 양육하면서 하나님을 아는 일에 더 자라고 가까이 나아가게 합니다.

자녀는 부모에게 기쁨이 되지만, 끊임없는 인내와 사랑, 지혜, 회개의 훈련장이 됩니다.

제 경우도 사랑은 오래 참고가 무슨 뜻인지를 연년생 자녀를 키우며, 새삼 깊이 생각하였고, 성경에서 사랑을 설명할 때 사랑은 언제나 오래 참고가 맨 앞에 있는 이유에 대해 마음으로 동의가 되었던 기억이 있습니다. 연년생 사내아이 둘을 키우며 사랑은 언제나 오래 참고를 마음으로 여러 번 반복했던 기억이 납니다.

자녀를 사랑하면서 우리는 하나님의 부모 되심을 체험하게 됩니다. 우리가 연약한 자녀를 끝없이 용서하고 기다릴 수 있는 사랑을 가질 때, 하나님 아버지께서도 우리를 얼마나 깊이 사랑하시는지를 깨닫게 됩니다.

하나님은 자녀를 통해 부모에게도 놀라운 축복을 허락하십니다. 성경적 관점에서 볼 때, 자녀 양육은 단순히 책임을 감당하는 일이 아니라, 부모 자신이 하나님 앞에서 성숙해지고, 하나님의 사랑을 더 깊이 체험하는 통로이기도 합니다.

우리가 연약한 자녀를 끝없이 용서하고 기다릴 수 있는 사랑을 가질 때, 하나님 아버지께서도 우리를 얼마나 깊이 사랑하시는지를 깨닫게 됩니다.

"아버지가 자식을 불쌍히 여김 같이
여호와께서는 자기를 경외하는 자를 불쌍히 여기시나니"
(시편 103:13)

성경의 지혜 :
시대를 뛰어넘는 진리

흔들리는 세상에서 흔들리지 않는 기준을 찾다
우리는 아이를 키우며 수없이 질문합니다.
"이럴 땐 어떻게 해야 하지?"
"지금 이게 맞는 걸까?"
"정말 잘하고 있는 걸까?"

시대가 바뀌고, 교육 방식도 수없이 바뀌지만, 변하지 않는 진리를 붙잡고 싶은 마음은 모든 부모의 공통된 바람입니다. 그 진리, 우리는 성경 안에서 찾을 수 있습니다. 성경은 단순한 도덕책이 아닙니다. 겉으로 드러난 행동보다, 그 안에 담긴 마음을 중요하게 다루는 수천 년을 살아남은 지혜의 책입니다.

> "무릇 지킬 만한 것보다 더욱 네 마음을 지키라.
> 생명의 근원이 이에서 남이니라." (잠언 4:23)

이 짧은 말씀 한 구절은 오늘날의 심리학, 교육학, 뇌과학조차도 고개를 끄덕이는 깊은 통찰입니다. 모든 행동과 관계, 학습과 습관의 중심에는 '마음'이 있습니다.

부모가 자녀를 바라볼 때도 마찬가지입니다. 아이의 고집, 말대답, 무기력함, 감정 폭발은 단지 '겉으로 드러난 현상'일 뿐입니다. 그 속에 담긴 마음의 움직임을 이해할 때, 우리는 비로소 자녀의 진짜 필요를 보게 됩니다.

교육은 마음에서 시작됩니다

성경은 사람이란 단지 눈에 보이는 존재가 아니라, 마음 깊은 곳까지 이해해야 하는 존재라고 말합니다.

> *"사람은 외모를 보거니와*
> *여호와는 중심을 보시느니라." (사무엘상 16:7)*

하나님은 사람의 중심, 즉 마음을 보십니다. 왜 그런 행동을 하는지, 어떤 마음으로 그렇게 말했는지를 더 중요하게 여기십니다.

> *"선한 사람은 마음에 쌓은 선에서 선을 내고,*
> *악한 사람은 그 쌓은 악에서 악을 내나니*
> *이는 마음에 가득한 것을 입으로 말함이니라." (누가복음 6:45)*

행동은 마음의 열매입니다. 아이를 바꾸고 싶다면, 행동보다 마음을 먼저 살펴야 합니다. 외면에서 안으로가 아니라, 마음이라는 '안'에서부터 변화는 시작됩니다.

하나님을 경외함이 교육의 출발점입니다

성경은 교육의 시작이 '하나님을 경외함'이라고 말합니다. 이것은 단순한 종교적 태도가 아닙니다. '하나님이 주인이심을 인정하고, 그 기준에 삶을 맞추는 것'입니다.

"여호와를 경외하는 것이 지식의 근본이거늘" (잠언 1:7)

지식이란 단지 아는 것이 아니라, 삶을 바르게 살아갈 지혜입니다. 그 지혜는 하나님을 경외함 위에 세우는 것이 근본이 되어야 하고 이는 성경의 말씀을 출발점으로 시작합니다.

부모는 삶으로 가르치는 교사입니다
우리는 종종 아이에게 좋은 말을 해주려 애씁니다. 그러나 아이들은 말보다 삶을 통해 배우고 자랍니다.

*"이 말씀을 네 자녀에게 부지런히 가르치며
집에 앉았을 때든지, 길을 갈 때든지,
누웠을 때든지, 일어날 때든지
이 말씀을 강론할 것이며" (신명기 6:7)*

아이의 눈은 늘 부모를 바라보고 있습니다. 부모의 태도, 말투, 분노, 인내, 선택의 기준 모두가 아이에게는 교과서입니다.
보여주는 교육이, 말보다 훨씬 오래 남습니다. 삶이 곧 가르침입니다. 훈육은 아이에게 옳고 그름을 가르치는 중요한 훈련이지만, 그것이 사랑 없이 주어진다면, 아이의 마음은 닫힙니다.

*"주께서 사랑하시는 자를 징계하시고
그가 기뻐하시는 아들마다 채찍질하시느니라." (히브리서 12:6)*

하나님은 우리를 책망하시지만, 그 중심에는 언제나 사랑이 있습니다. 훈육도 마찬가지입니다. 감정이 아닌 사랑으로, 수치심이 아닌 성장을 향해 갑니다. 질서와 경계를 알려주는 훈육은 아이에게 안정감을 주며 사랑 안에서 이루어질 때, 훈육은 두려움이 아니라 신뢰가 됩니다.

자녀는 하나님의 유산이자 사명입니다

자녀는 우리 손에서 태어나지만, 우리 것이 아닙니다. 하나님께서 우리에게 맡기신 가장 귀한 선물이며, 우리는 그 아이를 돌보는 하나님의 청지기입니다.

> *"자식은 여호와의 기업이요*
> *태의 열매는 그의 상급이로다." (시편 127:3)*

이 관점을 가지면, 우리는 욕심을 내려놓을 수 있습니다. 내가 원하는 모습이 아닌, 하나님이 바라보시는 자녀의 길을 돕는 조력자가 됩니다.

성경, 흔들리지 않는 자녀교육의 기준

오늘날 우리는 수많은 정보에 둘러싸여 있습니다. 심리학, 교육학, 뇌과학 모두 유익하지만, 기준이 없다면 오히려 더 혼란스러울 수 있습니다.

자녀교육의 기준은 오직 하나, 하나님을 경외함 즉, 하나님의 말씀입니다. 무릇 지킬 만한 것보다 더욱 네 마음을 지키라 생명의 근원이 이에서 남이라(잠4:23) 말씀으로 마무리하면,

*"너의 모든 지식, 재산, 성취보다도 가장 먼저 지켜야 할 것은
네 마음이다. 네 삶의 질, 행동, 관계, 모든 것은
거기서 흘러나오기 때문이다."*

이 말씀은 단지 신앙의 조언이 아닙니다. 오늘날 심리학, 교육학, 뇌과학도 이 구절에 동의합니다. 행동은 마음에서 비롯되고, 배움은 정서에서 출발하며, 생명력은 감정의 안정에서 비롯된다는 것이 과학의 언어로도 증명되고 있기 때문입니다.

성경은 수천 년 전부터 '마음'이라는 내면의 뿌리를 보았고, 오늘 우리는 그 진리를 다시 확인하고 있습니다.

이것은 수천 년 전의 지혜이지만, 지금의 학문도 진지하게 동의하는 통찰입니다. 성경은 '마음을 지키는 것'이 인간 성장의 핵심임을 선포했고, 현대 심리학과 교육학, 뇌과학은 그 진리를 과학적으로 설명하고 있습니다.

부드럽고 따뜻한 언어 :
관계의 틀 세우기

말에는 힘이 있다

"빛이 있으라." 하나님은 말씀으로 세상을 창조하셨습니다. 예수님은 "말씀이 육신이 되어 우리 가운데 거하시매"라 하셨습니다(요한복음 1:14).

이처럼 성경은 말의 힘, 말의 창조성을 끊임없이 강조합니다. 그렇다면 오늘 나는 어떤 말로 자녀의 마음에 '세상'을 만들고 있을까요?

> *"죽고 사는 것이 혀의 힘에 달렸나니,*
> *혀를 쓰기 좋아하는 자는 그 열매를 먹으리라."*
> *– 잠언 18:21*

지지와 격려는 아이에게 생명을 살리고, 비교와 비난은 아이의 마음에 상처를 입힙니다. 말의 열매는 곧 관계의 질이며, 특히 자녀와 부모의 관계는 말의 습관에 따라, 오랜 시간에 걸쳐 형성됩니다.

"그걸 왜 그렇게밖에 못 해?" vs. "이건 네가 도전해 본 거니? 정말 대단한데!" "실망할 것 없어, 지금도 아주 재미있어." 반복되는 언어는 자녀의 자아상(자기인식)에 큰 영향을 미칩니다.

너는 왜 늘 그래?"라는 부정적인 언어는 자녀에게 '나는 부족한 아이'라는 신념을 심습니다. 반대로 "네 안에는 하나님이 주신 귀한 보석과 같은 재능이 있어"라는 언어는 자존감과 정체성을 세웁니다. 오늘 아이에게 한 말 중 아이의 마음에 '씨앗'처럼 심긴 말은 무엇이었을까? 일기를 써보는 것도 유익합니다.

하루에 3번, 의도적으로 따뜻하고 생명을 살리는 말을 실천할 수 있습니다.

* "네가 있어서 엄마는 행복해"
* "오늘 고마워"
* "하나님께서 너를 특별하게 만드셨단다."

이러한 말은 아이의 정체성에 깊은 뿌리를 내리게 하며, 부모-자녀 간의 신뢰와 애착을 단단하게 세워줍니다.

부드럽고 따뜻한 말의 본질

1. 말은 마음의 열매다

말은 단순한 의사소통 도구가 아닙니다. 말은 그 사람의 중심(마음)에서 흘러나옵니다.

예수님은 "마음에 가득한 것을 말한다." (누가복음 6:45)

"선한 사람은 마음에 쌓은 선에서 선을 내고…" (누가복음 6:45)

부드럽고 따뜻한 말은 평안한 마음과 사랑이 담긴 내면에서 나올 수 있습니다.

2. 부드럽다는 것은 '온유함'이다
온유함은 유약함이 아니라, 자기감정을 조절할 수 있는 성숙함입니다. 성경적 '온유함'은 겸손, 배려, 절제된 힘을 포함합니다. 부드러운 말은 상대의 마음에 강요하지 않고, 천천히 문을 여는 열쇠입니다.

3. 따뜻하다는 것은 '사랑과 존중'이 담겼다는 뜻
따뜻한 말은 감정적으로 안정된 상태에서 나옵니다. 상대를 인격체로 인정하고, 그 존재 자체를 소중히 여기는 마음에서 비롯됩니다. 비판이 필요할 때도 따뜻한 말로 충분히 전달할 수 있습니다.
그렇게 하면 안 돼! 보다 이건 더 좋은 방법이 있을 거야. 함께 생각해보자. 같은 내용을 전하더라도 마음을 닫게 하지 않습니다.

4. 부드럽고 따뜻한 말은 관계를 회복하고 성장시킨다.
딱딱하고 냉정한 말은 진실일 수 있어도, 마음을 닫게 만듭니다.
그러나 부드럽고 따뜻한 말은 상대를 열게 하고, 관계를 다시 잇게 합니다. 부모와 자녀 사이, 부부 관계, 공동체 안에서도 부드러운 말은 사람을 살리는 생명의 언어입니다.

5. 공감과 사랑이 조화된 말
예수님의 말씀은 언제나 '정확하고 진실했지만', '공감과 사랑'이 함께 있었습니다. 간음한 여인에게 "나도 너를 정죄하지 않는다.

다시는 죄를 짓지 말라"고 하신 것처럼, 회복을 위한 따뜻한 진실의 말이었습니다.

가정 안에서의 언어 훈련

부드럽고 따뜻한 말은 본능이 아니라 훈련과 의식적인 선택을 통해 길러집니다. 가정은 언어가 뿌리내리는 최초의 땅으로 아이는 말을 통해 사랑을 배우고, 말로 세상과 자신을 이해합니다. 가정에서 들은 말은 단순한 정보가 아니라 정체성의 씨앗이 됩니다.

"넌 왜 맨날 그래?" 이러한 말은 "나는 문제가 있는 존재인가?"
"잘했어! 다시 해보자." 이것은 "나는 성장할 수 있어."

가정의 언어 습관을 진단해 보기

다음 질문에 '예/아니요' 라고 답해보세요. 이것은 내 말의 기본적인 분위기를 점검하는 좋은 도구입니다.

1. 아이에게 하루 몇 번 "고맙다/사랑한다"라고 말하는가?
2. 배우자에게 감정을 상하지 않게 말하려 의식적으로 노력하는가?
3. 실수했을 때 "괜찮아"보다 "왜 그랬어?"가 먼저 나오진 않는가?

이 점검을 통해 내 말의 기본 분위기(비난 vs 격려)를 인식하는 것이 첫 훈련입니다.

관계를 세우는 언어 습관

언어는 벽을 만들 수도, 다리를 놓을 수도 있습니다. 사랑과 진리를 담은 언어 습관은 인간관계를 깊고 따뜻하게 회복시키며, 가정을 건강하게 세우는 기초가 됩니다. 성경은 말이 관계에 미치는 영향을 분명히 경고하거나 권면합니다.

*"온유한 대답은 분노를 쉬게 하여도,
과격한 말은 노를 격동하느니라"(잠언 15:1)*

- 비난 대신 격려로,
- 정죄 대신 공감으로,
- 침묵 대신 지혜의 응답으로,

우리는 가정 안의 관계를 새롭게 세워갈 수 있습니다. "말이 씨가 된다"라는 속담은 단지 감정적인 말이 아니고, 삶의 원리를 정확하게 꿰뚫은 지혜입니다. 말은 반복되며 신념을 만들고, 신념은 행동을 낳고, 행동은 인생의 패턴이 됩니다. 말이 바뀌면 삶이 바뀝니다.

*"죽고 사는 것이 혀의 권세에 달렸나니"(잠언 18:21)
"너의 말로 의롭다함을 받고,
너의 말로 정죄함을 받으리라"(마태복음 12:37)*

언어는 뇌와 감정에 영향을 준다

부정적인 말을 자주 사용하는 사람은 스트레스 호르몬 분비가 많고, 감정 조절도 어려워진다는 연구 결과가 다수 있으며, 반대로, 감사, 격려, 긍정의 언어는 세로토닌, 옥시토신을 증가시켜 감정적 안정과 관계의 친밀감을 높입니다.

"나는 왜 이 모양이지?" → 뇌는 '그 이유'를 계속 찾으며 자기비하 강화

"하나님은 나를 통해 일하실 거야." → 뇌는 그 가능성을 찾으며 미래를 준비합니다.

*아이와의 관계 변화 사례
전: "그만해! 내 말 안 들려?"
후: "엄마는 네가 좀 더 집중해주면 기쁠 것 같아."
아이가 듣는 말에 따라 행동뿐 아니라 자아 이미지가 달라집니다.

*부부 관계 변화 사례
전: "당신은 원래 안 바뀌니까."
후: "우리가 함께 더 나아질 수 있다고 믿어."
→ 희망을 심는 언어는 관계의 미래를 열어주는 말이 됩니다.

오늘 나는 자녀에게 어떤 말의 씨앗을 심었나요? 그 말은 생명을 살리는 말이었나요, 아니면 마음을 닫게 하는 말이었나요? 오늘, **생명을 살리는 언어 습관**을 선택해 보세요. 그 작은 변화가, 가정의 분위기 전체를 바꾸는 첫걸음이 될 수 있습니다.

하나님의 형상으로 지어진 존재 : 어떻게 키울까

하나님의 형상대로 창조된 존재

*"하나님이 자기 형상 곧 하나님의 형상대로
사람을 창조하시되…"(창세기 1:27)*

우리는 자녀를 바라볼 때 종종 '어떻게 키울 것인가'를 먼저 생각합니다. 어떤 교육이 좋을까, 어떤 습관을 길러야 할까, 무엇을 잘하도록 도와줘야 할까. 그러나 그보다 먼저, 부모가 반드시 기억해야 할 본질이 있습니다. 자녀는 하나님의 형상대로 지어진 존귀한 존재라는 사실입니다. 이는 교육의 시작점이며, 동시에 목적입니다.

하나님의 형상, 즉 인간이 단순히 기능적인 존재가 아니라, 하나님의 성품을 닮은 존재임을 의미합니다. 생각하고, 느끼고, 창조하고, 관계를 맺으며 살아가는 자녀는 단지 우리 집의 아이가 아닌, 하나님께서 목적을 갖고 빚으신 걸작입니다. 이 관점을 놓치면 우리는 자녀를 '성공시키는 프로젝트'로 보게 되고, 비교와 통제, 두려움으로 교육하게 됩니다.

존재로서의 존귀함을 먼저 전하라

"너는 누구냐?"라는 질문 앞에서 대부분은 '잘하는 것'이나 '가진 것'을 말합니다. 하지만 성경은 다르게 말합니다. "너는 하나님의 형상대로 지어진 존재"라고.

이 정체성은 실패 앞에서도 무너지지 않고, 세상의 기준에 휘둘리지 않으며, 존재 그 자체로 존귀하다는 선언입니다. 우리는 자녀에게 먼저 이 진리를 전해야 합니다. 네가 잘하든 못하든, 강하든 약하든, 어떤 모습이든 상관없이 너는 이미 귀한 존재임을 알려주는 것. 그것이 진정한 신앙 교육의 시작입니다.

하나님의 형상을 따라 자라게 한다는 것

하나님의 형상대로 지어진 존재는 단지 존재만으로 끝나지 않습니다. 하나님의 형상을 '닮아가는 삶'으로 부름을 받은 존재입니다. 그래서 부모의 역할은 아이가 하나님의 성품을 닮아가도록 돕는 '양육자'이자 '동역자'입니다.

1) 성품을 키우는 교육

하나님은 사랑, 자비, 공의, 인내의 하나님이십니다. 자녀가 삶 속에서 이 성품들을 익히고 실천해 나가도록 가정 안에서 경험하게 해야 합니다. 단지 '착한 아이'가 되게 하려는 것이 아니라, 사랑이신 하나님을 닮도록 이끄는 것입니다.

그 출발은 부모 자신이 먼저 하나님을 닮아가는 여정 위에 서는 것입니다. 부모가 용서하지 못하면 자녀도 용서를 배우기 어렵고, 부모가 감정을 조절하지 못하면 아이도 분노를 다루기 힘듭니다. 가정은 가장 강력한 '삶의 교과서'이며, 부모는 날마다 아이에게 '보여주는 책'이 됩니다.

2) 자유와 책임의 균형

하나님의 형상대로 지어진 존재는 단지 보호받아야 할 대상이 아니라, 책임질 수 있는 존재입니다. 하나님은 인간에게 선택의 자유를 주셨고, 그 자유에는 책임이 따릅니다. 자녀가 선택하고 결과를 배우는 과정은 매우 중요합니다. 실수해도 괜찮다고 말해주는 동시에, 실수에서 배우게 도와주는 것이 하나님의 방식입니다.

우리는 자녀를 지나치게 보호하거나, 반대로 모든 걸 방임하는 실수를 범하지 말아야 합니다. 사랑 안에서 질서와 경계를 세워주는 것, 그것이 하나님의 형상을 따라 자라는 길입니다.

심리학과 뇌과학도 말하는 '존재 중심' 교육

"무릇 지킬 만한 것보다 더욱 네 마음을 지키라
생명의 근원이 이에서 남이니라." - 잠언 4장 23절

이 한 구절은 수천 년 전 기록된 말씀이지만, 오늘날 심리학과 교육학, 뇌과학에서도 말합니다. 현대 교육학은 모든 행동의 뿌리가 '마음의 상태'에 있다고 말합니다. 아이의 감정 조절, 자기 효능감, 공감 능력, 자존감은 모두 뇌의 발달과 애착 관계, 정서적 안정과 깊이 연관되어 있습니다.

뇌과학자들은 말합니다. 아이의 뇌는 안전하고 수용적인 환경에서 가장 건강하게 발달한다고. 이는 바로 '존재 중심 교육'의 본질과 맞닿아 있습니다.

즉. 아이가 어떤 존재가 되기 이전에, 이미 귀한 존재로 받아들이고 사랑하는 교육입니다. "너는 사랑받기 위해 존재하는 아이야."

이 말 한마디는 아이의 뇌를 안정시키고, 자아를 건강하게 형성시킵니다. 이것이 하나님의 형상대로 자녀를 대하는 첫걸음입니다.

세상의 시선이 아닌, 하나님의 시선으로

오늘날 우리는 너무 많은 기준 속에서 아이를 재단합니다. 외모, 학업 성적, 사회성, 경쟁력…. 그러나 하나님은 "외모를 보지 않으시고, 중심을 보십니다." (삼상 16:7)

우리가 자녀에게 가장 먼저 심어줘야 할 시선은 세상의 기준이 아닌 하나님의 시선입니다. 세상이 붙여주는 라벨이 아닌, 하나님이 주신 정체성으로 자신을 바라보게 해야 합니다.

"너는 하나님의 걸작품이야. 실패해도 괜찮아. 하나님은 너를 끝까지 사랑하셔."

이 메시지는 아이에게 세상이 줄 수 없는 내적 자유와 담대함을 줍니다.

하나님의 형상을 닮아가도록 돕는 부모의 삶

자녀는 부모가 하는 말보다 부모의 삶을 통해 배웁니다.

> "이 말씀을 네 자녀에게 부지런히 가르치며…
> 앉았을 때든지, 길을 갈 때든지, 누웠을 때든지,
> 일어날 때든지…" - 신명기 6장

말로만 가르치는 것이 아니라, 생활 속에서 자연스럽게, 반복적으로, 그리고 진심으로 전하는 교육. 이것이 성경이 말하는 자녀교육입니다.

부모가 자녀를 보는 시선이 하나님의 시선으로 바뀔 때, 말투가 바뀌고, 훈육이 바뀌고, 사랑의 표현이 깊어집니다. 자녀를 성공시키기 위한 '코치'가 아니라, 하나님의 사랑을 전하는 '동역자'가 될 때, 가정은 하나님 나라의 모형이 됩니다.

하나님의 형상대로 지어진 아이를 키운다는 것은,
그 아이 안에 하나님의 사랑, 창조성, 관계성, 거룩함을 깨우고 함께 자라가는 일입니다.
아이를 수단이 아닌 목적, 문제가 아닌 기쁨, 비교가 아닌 고유성, 두려움이 아닌 소명으로 바라보는 것, 그것이 바로 하나님의 형상대로 아이를 키우는 길입니다. 부모도 자녀도 완성되어가는 존재입니다. 하나님의 형상을 따라 자라는 이 아름다운 여정을, 하나님과 함께 걷는 것입니다.
세상 속에서 빛과 소금으로, "너는 하나님의 사랑을 전하는 존재야" 하나님의 형상은 세상 속에서 드러나야 하며, 아이가 선한 영향력, 공감, 정의, 섬김의 삶을 배우고 실천하도록 이끌어야 합니다.

심은 대로 거둔다 :
삶과 교육의 변하지 않는 원리

씨를 심는 사람은 누구일까?

인생은 밭과 같습니다. 우리가 무엇을 심느냐에 따라, 어떤 열매를 맺을지는 거의 정해집니다. 눈에 보이지 않는 우리의 생각, 말, 행동 하나하나가 씨앗이 되어, 어느 날 우리의 삶과 관계 속에서 열매로 나타납니다. 성경은 이 원리를 분명히 말합니다.

> "스스로 속이지 말라.
> 하나님은 만홀히 여김을 받지 아니하시나니
> 사람이 무엇으로 심든지 그대로 거두리라."
> (갈라디아서 6장 7절)

이 말씀은 인간 삶의 본질을 꿰뚫는 강력한 선언입니다. 하나님은 우리가 무엇을 심는지 주목하시고, 그것이 결국 우리의 삶 속에 반드시 거두어진다는 사실을 강조하십니다. 이 원리는 우리의 신앙뿐 아니라 자녀교육, 인간관계, 인생의 선택 전반에 깊이 영향을 미칩니다.

성경의 심음과 거둠 - 반복되는 하나님의 원리

성경은 처음부터 끝까지 '심음과 거둠'의 이야기로 가득합니다. 아담과 하와는 하나님의 말씀을 어기는 씨를 심었고, 그 결과로 에덴동산을 잃었습니다. 반대로 요셉은 노예로 팔려 간 억울한 상황 속에서도 정직과 믿음을 심었고, 결국 애굽의 총리가 되어 열매를 거두었습니다.

예수님은 복음서에서 씨 뿌리는 자의 비유(마태복음 13장)를 통해 마음의 밭에 심긴 말씀이 어떻게 자라나는지를 설명하십니다. 이는 단순한 도덕적 교훈이 아니라, 하나님의 창조 질서에 기초한 진리입니다.

의를 심으면 평화를 거두고, 사랑을 심으면 관계의 회복을 거두며, 불신과 불순종을 심으면 갈등과 고통의 열매를 맺습니다. 이 심음과 거둠의 법칙은 하나님께서 세상을 다스리시는 방식이며, 인간 삶의 핵심 원리입니다.

심음은 의도보다 깊다 - 숨겨진 영향력

우리는 흔히 "난 나쁜 의도는 없었어요"라고 말하며 자신을 변명하지만, 심음은 의도보다 더 깊은 것입니다. 씨앗은 작고 눈에 띄지 않지만, 시간이 지나면 큰 나무가 됩니다. 우리의 말 한마디, 표정 하나, 반응 하나가 타인의 마음에 어떤 씨앗으로 심겼는지는 오랜 시간이 흐른 뒤에야 분명히 드러납니다. 부모가 무심코 한 말이 아이에게는 평생의 자기개념으로 심어질 수 있습니다.

"넌 왜 그렇게 느리니!" '나는 쓸모없는 아이야'
"왜 너는 형처럼 못 하니?" '나는 늘 부족한 존재야'

반대로, 작은 격려와 인정은 자녀의 마음에 존재의 가치와 사랑받는 확신을 심어줄 수 있습니다.

"너는 정말 소중한 아이야"

"하나님은 너를 특별하게 만드셨어"

심음은 단지 교훈이나 훈계가 아니라, 매일의 삶으로 흘러나오는 것이다. 우리가 어떤 분위기와 태도를 집 안에, 교실 안에 심고 있는가가 중요합니다.

자녀교육과 심음 - 우리는 무엇을 키우고 있습니까?

아이를 잘 키우고 싶다는 마음은 모든 부모의 공통된 소망입니다. 하지만 많은 부모들이 열매만을 기대하면서 정작 밭의 상태와 씨앗에는 무관심한 경우가 많습니다.

예를 들면,

책임감을 키우고 싶은가요? 집안일을 맡기고 실수를 용납하세요.

감사를 가르치고 싶은가요? 부모부터 작은 것에 감사하는 습관을 심어야 합니다.

신앙을 전하고 싶은가요? 성경을 읽는 부모의 모습을 자연스럽게 보여주세요.

부모는 자녀에게 첫 번째 씨를 심는 사람입니다. 자녀는 말로 가르친 대로 살지 않습니다. 보여준 대로, 함께 살아낸 대로 자랍니다.

심지어 부모가 심지 않은 것도 심는 결과를 낳습니다. 무관심은 외로움을, 방임은 방황을, 완벽주의는 두려움을 심을 수 있습니다. 심지 않은 것조차 영향을 준다는 사실을 기억해야 합니다.

교사와 교육자에게 하루하루는 씨앗입니다. 교사는 아이들의 마음 밭에 씨를 뿌리는 사람입니다. 수업 시간에 가르치는 지식보다, 수업 외 시간에 보여주는 존중, 기다림, 말투, 태도가 더 깊은 씨앗으로 남습니다.

한 아이가 실수했을 때, 꾸짖는 대신 기다려준 교사의 행동은 '나는 실수해도 괜찮은 존재'라는 건강한 자아를 심는 것입니다.

아이가 말이 느릴 때, 끝까지 들어주는 교사의 자세는 '나도 가치 있는 이야기를 할 수 있어'라는 자존감을 키웁니다.

교육은 씨 뿌리기입니다. 때로는 그 열매를 오늘 당장 볼 수 없지만, 분명히 시간이 지나면 거두게 됩니다. 교사에게 필요한 것은 지속적인 심음과 믿음의 기다림입니다.

기다림과 인내의 과정 - 열매는 하나님이 자라게 하십니다
바울은 고린도전서 3장 6절에서 이렇게 고백합니다.
"나는 심었고 아볼로는 물을 주었으되 오직 하나님께서 자라나게 하셨나니."

우리는 심을 수 있고, 물을 줄 수 있지만, 자라게 하시는 분은 하나님이십니다. 부모와 교사는 조급할 수 없습니다. 아이의 변화, 삶의 열매는 하나님의 때에 나타납니다. 우리의 심음이 진심이라면, 눈물로 심은 씨앗도 반드시 기쁨으로 거두게 됩니다.

나의 오늘, 그리고 내일 - 나는 어떤 씨를 심고 있을까?
오늘 하루를 돌아보자. 나는 어떤 생각을 심고 있는가? 어떤 말을 아이에게 전하고 있는가? 어떤 행동으로 관계를 만들고 있는가? 심은 대로 거둔다는 이 단순하지만 심오한 진리는, 지금 이 순

간 부터 삶의 방향을 바꾸는 강력한 원리가 될 수 있습니다.

열매는 우연이 아닙니다. 오늘의 말, 기도, 선택, 반응, 삶의 태도가 바로 내일의 결과를 만듭니다. 그리고 그 열매는 단지 나만을 위한 것이 아니라, 내 자녀와 다음 세대까지 영향을 미치는 유산이 될 것입니다.

'심은 대로 거둔다'라는 하나님의 공의와 사랑, 인간의 책임을 동시에 담고 있는 깊은 원리입니다. 오늘 우리가 심는 것, 그것이 우리의 인격과 관계, 자녀의 미래 그리고 하나님의 나라에 어떤 열매로 열릴지를 생각하고 살아간다면 매일 더 성숙한 존재로 자라날 수 있습니다.

자녀교육에서의 적용 – 어떤 열매를 기대하는가?
부모는 종종 자녀의 '열매'에만 집중합니다. 성적, 태도, 사회성, 리더십, 창의력. 그러나 정작 '무엇을 심었는가?'는 돌아보지 못합니다.

예를 들어,

인내를 거두고 싶은가? 그렇다면 자녀 앞에서 갈등 상황에서의 인내를 심어야 합니다.

공감을 거두고 싶은가? 그렇다면 자녀의 감정을 경청하고, 타인의 아픔을 나누는 삶을 보여주어야 합니다.

신앙을 거두고 싶은가? 그렇다면 하나님의 말씀을 따르려는 부모의 모습을 아이가 보도록 해야 합니다.

자녀는 부모가 의도적으로 심은 것뿐 아니라, 무의식적으로 반복한 삶의 태도까지도 고스란히 흡수합니다.

작은 화분과 씨앗(강낭콩, 해바라기, 허브 등)을 준비해 아이와 함께 직접 심습니다.

화분에 '말씀의 씨앗' 스티커를 붙이고, 갈라디아서 6:7 말씀을 함께 적습니다.

물 주는 날을 정해, 매번 물을 줄 때 "우리가 말씀을 심으면, 하나님이 자라게 하셔"라고 말해주세요.

말씀을 듣고 순종하는 것이 삶에 심는 씨앗임을 체험적으로 이해할 수 있습니다. 말씀을 듣고 순종하는 것이 삶에 씨앗임을 체험적으로 이해할 수 있습니다. 무엇인가 마음에 심는 습관이 곧 삶의 열매로 이어지는 기반을 만듭니다.

훈육 :
사랑 안에서 이루어진다

"주께서 그 사랑하시는 자를 징계하시고
그가 받아들이시는 아들마다 채찍질하심이라."
(히브리서 12:6)

왜 훈육은 사랑 안에서 이루어져야 하는가?

부모님들은 자녀를 향한 깊은 사랑이 있음에도 불구하고, 훈육의 순간이 되면 갈등과 혼란을 겪습니다. "사랑하니까 혼내는 거야"라고 말하면서도, 정작 자녀의 마음에는 상처와 두려움이 남기도 합니다. 그럴 때 우리는 다시 성경으로 돌아가야 합니다. 하나님의 훈육은 언제나 사랑 안에서 이루어지며, 자녀의 존재를 부정하지 않고, 오히려 그 존재를 바로 세우는 데 목적이 있습니다.

히브리서 12장 6절은 하나님의 징계가 사랑의 표현이라는 것을 명확히 밝힙니다. 하나님은 우리가 길을 잃지 않도록, 인격적으로 성장하도록 징계하시며, 그 안에는 결코 분노가 아닌 사랑이 자리 잡고 있습니다. 그렇다면 우리는 자녀를 훈육할 때 어떻게 이 사랑의 원리를 실천할 수 있을까요? 그리고 훈육이라는 민감한 주제를 어떻게 이해하고 적용할 수 있을까요?

훈육은 '사랑'이라는 토양 위에 세워집니다

훈육은 단순히 '잘못을 고치기 위한 처벌'이 아닙니다. 훈육(discipline)의 어원은 '제자(disciple)'에서 유래되었으며, 이는 '가르치다, 훈련하다'라는 의미를 담고 있습니다. 즉, 훈육은 자녀를 하나님의 사람으로 자라게 하는 '양육의 일부'이며, 그 목적은 자녀가 올바른 방향을 향하도록 돕는 데 있습니다.

성경은 하나님이 사랑하시기에 징계하신다고 가르칩니다. 여기서 중요한 것은 '징계의 목적'이 아니라 '징계의 태도'입니다. 하나님은 진노로 우리를 징계하지 않으십니다. 오히려 인자와 오래 참으심으로 우리를 기다리시며, 회복시키기 위한 방식으로 징계를 사용하십니다. 자녀의 잘못을 지적할 때, 우리는 얼마나 인내하며, 얼마나 자녀의 마음에 귀 기울이고 있는가를 돌아보아야 합니다.

부모가 자녀를 사랑할 때, 그 사랑이 감정에 휘둘리지 않고, 진리를 품고 있어야 합니다. 일관되고 따뜻한 기준 안에서 자녀가 안정감을 느낄 때, 훈육은 통제가 아니라 '사랑의 언어'로 전달됩니다.

성경 속 훈육의 본보기 – 하나님 아버지의 방식

성경은 훈육에 대해 다양한 본보기를 제시합니다. 하나님은 이스라엘 백성이 불순종할 때도 단순한 벌이 아닌, 회복의 기회를 주셨습니다. 출애굽기, 민수기, 사사기 전반에 걸쳐 반복적으로 드러나는 하나님의 훈육은 '죄를 깨닫게 하시는 일시적 고통'과 '돌아올 길을 여시는 자비'가 함께하는 구조입니다.

예를 들어, 사울 왕은 하나님의 뜻을 따르지 않았을 때 왕위가 폐해지는 징계를 받았지만, 다윗 왕은 범죄 했을 때 즉시 회개함으로 하나님의 용서를 받았습니다. 다윗은 시편 51편에서 "하나님이

구하시는 제사는 상한 심령이라"하고 고백합니다. 하나님은 '완전한 행동'보다 '진실한 마음'을 보십니다.

부모로서 자녀의 행동만을 고치려 하지 말고, 그 행동 뒤에 있는 마음의 상태를 살펴야 합니다. 자녀가 잘못했을 때 "왜 그런 행동을 했니?"라고 묻기 전에, "어떤 마음이었니?"라고 물을 수 있어야 합니다. 이것이 바로 하나님의 방식입니다. 겉모습보다 중심을 보시는 그분처럼, 우리도 자녀의 마음을 들여다보는 훈육을 해야 합니다.

훈육과 정죄는 다르다 - 자녀의 존재를 부정하지 말라

훈육은 자녀의 행동을 바로잡는 것이지, 존재 자체를 부정하는 것이 아닙니다. 그러나 때때로 부모는 훈육 중에 "너는 왜 그 모양이니?", "넌 정말 실망이야"라는 말로 자녀의 존재를 흔듭니다. 이는 훈육이 아닌 정죄이며, 자녀의 자존감과 신뢰를 무너뜨립니다.

하나님은 결코 우리 존재를 정죄하지 않으십니다. 로마서 8장 1절은 이렇게 선언합니다. "그러므로 이제 그리스도 예수 안에 있는 자에게는 결코 정죄함이 없나니" 자녀도 부모의 사랑 안에 있을 때, 정죄가 아닌 회복의 길을 걸을 수 있습니다.

자녀가 잘못했을 때, 그 잘못은 명확히 지적하되, "넌 그런 아이가 아니야. 다시 돌아올 수 있어."라고 말할 수 있어야 합니다. 훈육이 끝난 후 "나는 너를 여전히 사랑해. 네가 잘못해서 슬펐지만, 너는 내 소중한 아들이고 딸이야."라고 확인시켜 줄 때, 자녀는 훈육을 두려움이 아닌 신뢰의 언어로 기억합니다.

감정을 다스리는 부모, 안정감을 느끼는 자녀

훈육이 사랑으로 이루어지기 위해서는, 먼저 부모가 자신의 감정을 다스릴 수 있어야 합니다. 많은 훈육의 실패는 자녀의 행동보다 부모의 감정에 의해 결정됩니다. 화가 나서 소리를 지르고, 감정적으로 대응하면, 훈육은 통제나 보복으로 오해받게 됩니다.

자녀는 부모의 얼굴과 말투, 눈빛을 통해 훈육의 의도를 파악합니다. 하나님은 분노에 더디시며, 인자와 긍휼이 풍성하십니다. 우리도 훈육의 자리에서 하나님의 성품을 닮아야 합니다. 분노를 내려놓고, 사랑의 태도로 접근할 때, 자녀는 '훈육받고 있음'보다 '사랑받고 있음'을 먼저 느낍니다.

아이의 감정을 무시하지 않고 "지금 속상했구나", "엄마가 너한테 이렇게 말해서 마음이 아팠겠다"라고 말할 수 있다면, 훈육은 정죄가 아닌 관계 회복의 시간이 됩니다.

5. 훈육의 열매 - 자율과 신뢰, 그리고 성숙

성경적 훈육은 궁극적으로 자녀가 자율성과 자기통제를 배우도록 돕습니다. 이는 단기적으로 부모가 원하는 행동을 끌어내는 것이 아니라, 장기적으로 자녀가 스스로 옳고 그름을 분별하고 행동하도록 인도하는 것입니다.

히브리서 12장 11절은 이렇게 말합니다. "무릇 징계가 당시에는 즐거워 보이지 않고 슬퍼 보이나 후에 그로 말미암아 연단 받은 자들은 의와 평강의 열매를 맺느니라." 훈육은 당장은 아프고 불편하지만, 그 열매는 평강과 의로움입니다. 자녀는 훈육을 통해 책임감, 분별력, 자기 절제, 신뢰의 가치를 배우게 됩니다.

그 열매는 단지 행동의 변화만이 아니라 관계의 성숙입니다. 부모와 자녀는 훈육을 통해 서로의 신뢰를 더 단단히 쌓아가며, 자녀는 부모를 통해 하나님의 성품을 경험하게 됩니다.

실제 양육에서의 적용 사례와 실천

1. 장난감을 던진 아이

5살 아이가 화가 나서 장난감을 던졌습니다. 이때, "왜 자꾸 던져! 또 그러면 다 버릴 거야!"라고 소리치기보다는, 아이의 감정을 먼저 인정하고, "지금 속상했구나. 하지만 물건을 던지는 건 위험해. 사람을 다치게 할 수도 있어. 마음을 표현할 다른 방법을 생각해보자"라고 말하면, 아이는 감정을 안전하게 다룰 수 있는 방법을 배우게 됩니다.

2: 반복되는 거짓말

9살 자녀가 반복적으로 거짓말을 할 때, 부모는 배신감을 느끼기 쉽습니다. 하지만 "넌 왜 이렇게 못됐니?"라는 말은 아이의 마음을 닫게 만듭니다. 대신 "엄마는 네가 솔직히 말해줄 때 가장 기뻐. 거짓말은 서로의 신뢰를 어렵게 해. 우리가 다시 신뢰를 쌓아가 보자"하고 이야기할 수 있어야 합니다.

* 실천 팁
1. 훈육 전, 감정을 먼저 다스리기
2. 일관된 기준을 세우되, 상황과 감정은 유연하게 수용
3. 훈육 후, 자녀를 안아주며 사랑을 다시 표현
4. 반복되는 문제는 감정 뒤의 원인을 함께

하나님의 사랑을 닮아가는 훈육

훈육은 결코 쉬운 일이 아닙니다. 때론 혼란스럽고, 마음이 아플 때도 많습니다. 그러나 하나님께서 우리를 사랑하시기에 징계하셨 듯이, 부모도 자녀를 사랑하기에 훈육해야 합니다. 중요한 것은 그 안에 '하나님의 사랑의 성품'이 녹아 있어야 한다는 점입니다.

자녀는 부모를 통해 하나님의 모습을 배웁니다. 우리가 사랑으로 훈육할 때, 자녀는 하나님의 성품을 닮아가게 됩니다. 사랑은 훈육의 뿌리이며, 관계 회복의 열쇠입니다. 자녀가 삶 속에서 실수하고 넘어지더라도, 돌아올 수 있는 따뜻한 품이 있다는 것을 알게 될 때, 훈육은 단지 잘못을 고치는 과정이 아니라, 하나님의 은혜와 진리를 배우는 거룩한 길이 됩니다.

아이의 마음을 읽는 부모 :
하나님의 시선으로 바라보기

"사람은 외모를 보거니와
나 여호와는 중심을 보느니라"
-사무엘상 16장 7절

아이의 행동보다 마음을 먼저 읽는 눈

아이를 키우다 보면 뜻밖의 행동에 놀랄 때가 많습니다. 갑자기 울음을 터뜨리거나, 말도 없이 문을 쾅 닫고 들어가 버리는 모습, 친구의 장난감에 손을 뻗거나 이유 없이 소리를 지르는 장면 앞에서 부모는 당황하고, 때로는 화가 납니다. 그런데 이러한 순간에 정말 중요한 것은 아이의 겉으로 드러난 행동이 아니라, 그 행동의 배경에 깔린 마음입니다.

성경은 하나님께서 사람의 중심을 보신다고 말씀하십니다. 사람은 눈에 보이는 행동과 외모를 근거로 판단하지만, 하나님은 마음의 동기와 중심을 살피십니다. 우리가 부모로서 아이의 마음을 읽고자 하는 이유도 여기에 있습니다. 아이가 어떤 마음에서 그런 행동을 했는지 살피고 이해하려는 태도는, 단순히 좋은 양육 기술을 넘어 하나님의 시선에 가까이 다가가려는 믿음의 실천입니다.

왜 그랬지? 보다 '무슨 마음이었을까?'

많은 부모가 아이의 문제행동을 접하면 "왜 그랬어?"라고 묻습니다. 하지만 이 질문은 종종 아이에게 죄책감을 심어주거나, 자신을 방어하게 만드는 효과를 냅니다. "왜 그랬어?"라는 말 대신, "무슨 마음이었을까?"라고 물어보는 방식은 아이가 자신의 감정을 볼 수 있는 기회를 줍니다.

예를 들어, 친구의 장난감을 빼앗은 아이에게 "왜 그랬어?"라고 묻는 대신, "그 장난감이 너무 가지고 싶었구나?" 혹은 "함께 놀고 싶은 마음이 컸던 거구나?"라고 접근해 보십시오. 아이는 자신의 행동 이면에 감추어진 감정을 말로 표현하는 연습이 됩니다. 이는 정서지능을 키우는 데 매우 중요한 과정이며, 부모와의 신뢰 관계도 깊어집니다.

마치 하나님께서 우리의 외면보다 내면의 상처와 갈망, 두려움을 아시고 다가오시는 것처럼, 우리도 아이의 행동 너머에 있는 마음의 소리를 들을 수 있어야 합니다.

감정의 통로를 여는 하나님의 사랑 방식

하나님은 우리의 아픔을 정죄로 다루기보다, 공감과 자비로 다가오십니다. 예수님께서 간음한 여인을 돌로 치려는 사람들 앞에서 보여주신 침묵과 질문은 ("너희 중에 죄 없는 자가 먼저 돌로 치라") 행동을 정죄하기보다는 마음을 돌아보게 하는 방식이었습니다. 이는 오늘날 자녀교육에도 깊은 시사점을 줍니다.

아이의 감정을 읽어주는 부모는 '훈육'보다 '공감'이 먼저입니다. 감정을 먼저 품어준 다음에 행동을 다룰 때, 아이는 부모의 훈계를 '사랑'으로 받아들일 수 있게 됩니다. 이는 부모가 아이의 감정의 문을 열어주는 열쇠를 쥐고 있다는 뜻입니다. 열쇠는 기술이 아니라 마음이며, 사랑이라는 깊은 공감에서 비롯됩니다.

'하나님으로 바라보는 시선'이란 무엇인가?
'하나님으로 바라보는 시선'이란 곧, 하나님께서 우리를 바라보시듯 아이를 바라보는 눈입니다. 하나님은 우리를 연약한 존재로 이해하시고, 넘어졌을 때 손 내밀어 일으키시는 분입니다. 실수를 책망하시기 전에 그 실수 속에 담긴 연약함의 사연을 먼저 들어주시는 분이기도 합니다.

우리의 자녀들도 마찬가지입니다. 울고, 떼쓰고, 화내고, 때로는 거짓말도 하고, 형제를 밀기도 합니다. 이 모든 모습 뒤에는 여전히 성장 중이고, 배워가는 중이며, 사랑받고 싶은 '마음'이 존재합니다. 부모가 이 사실을 잊지 않는다면, 아이의 행동은 문제로만 보이지 않을 것입니다. 그것은 오히려 하나님의 시선으로 자녀를 훈련 시키는 기회가 될 수 있습니다.

자녀는 하나님의 시선으로 바라볼 때 선물이다
시편 127편 3절은 이렇게 말씀합니다. "보라 자식들은 여호와의 기업이요 태의 열매는 그의 상급이로다." 이 구절은 자녀가 단순히 우리 삶에 부가된 존재가 아니라, 하나님께서 주신 '기업', 곧 우리의 사명이고 책임이며 동시에 하나님의 선물이라는 점을 강조합니다. 이 선물을 어떻게 다루어야 할까요? 포장지를 뜯듯 조심스럽고 기쁘게 받아들이는 마음으로 시작해야 합니다. 어떤 날은 잘 통하고, 또 어떤 날은 갈등도 있지만, 그 모든 과정이 하나님의 계획안에서 이루어진다는 믿음이 필요합니다.

하나님의 시선은 자녀를 하나님의 뜻 안에서 바라보게 합니다. 그 시선은 인내하게 하고, 기다리게 하며, 실수를 품게 하고, 자라기를 기대하게 합니다. 결국, 아이의 마음을 읽는 부모는 하나님과의 동역자가 되는 것입니다.

부모의 내면이 하나님의 시선으로 변화될 때

아이의 마음을 읽기 위해서는 먼저 부모의 마음이 회복되어야 합니다. 하나님께 나아가 내 감정과 상처, 분노, 두려움을 고백하고, 그분의 시선으로 내 삶을 다시 바라보는 경험이 있어야 자녀에게도 같은 시선을 줄 수 있습니다.

때때로 부모는 자기 안의 상처를 자녀에게 투사합니다. 감정 조절이 어려워지거나, 아이의 실수를 지나치게 예민하게 반응할 때가 있습니다. 이럴 때 우리는 하나님의 품 안에서 치유 받는 부모가 되어야 합니다. 그래야만 자녀의 감정에 휘둘리지 않고, 중심을 지키며 아이의 마음을 품을 수 있습니다.

하나님의 시선은 완벽하지 않은 나도 품어주는 시선입니다. 그 시선으로 자녀를 바라볼 때, 우리는 '결과 중심의 양육'이 아니라 '관계 중심의 양육'으로 전환하게 됩니다.

아이 마음을 읽는 일은 곧 기도하는 일

아이의 마음을 읽는다는 것은 기술이 아니라 기도의 열매입니다. 내 힘으로 아이의 마음을 알 수 없습니다. 아이도 스스로 자신의 마음을 모를 때가 많습니다. 하지만 기도는 하나님의 지혜와 통찰을 우리에게 주는 통로입니다. "하나님, 이 아이가 왜 이런 행동을 할까요?", "하나님, 제가 이 아이의 마음을 읽을 수 있도록 도와주세요." 이런 기도는 부모의 마음을 낮추고, 자녀를 향한 깊은 사랑의 감각을 일깨워 줍니다.

기도하는 부모는 하나님의 시선에 자신을 맡긴 사람입니다. 그 시선 안에서 자녀를 볼 때, 우리는 비로소 아이를 '결과'가 아니라 '존재'로 사랑하게 됩니다.

말씀으로 길을 비추다 :
등불이 되는 교육

"주의 말씀은 내 발의 등불이요, 내 길의 빛입니다."
시편 119편 105절

어둠을 뚫고 길을 찾는 유일한 등불이 있다면, 그것은 바로 하나님의 말씀입니다. 세상이 빠르게 변하고, 가치관이 혼란스럽고, 유혹과 거짓이 넘치는 시대에 우리가 자녀에게 줄 수 있는 가장 위대한 유산은 단연코 '말씀'입니다. 어떤 교육, 어떤 재산도 자녀의 인생 중심을 잡아주지는 못합니다. 자녀가 중심을 잡고 바른길을 걸어갈 수 있게 하는 힘은 결국 '진리'에서 옵니다. 그리고 그 진리는 하나님의 말씀 안에 있습니다.

부모는 등불을 쥐여주는 사람입니다
자녀는 태어나 가장 먼저 부모의 얼굴을 바라보고, 부모의 언어를 듣고, 부모의 태도를 삶의 기초로 삼습니다. 부모의 말투와 반응, 결정 방식은 고스란히 자녀의 삶에 반영됩니다. 그래서 성경은 가르칩니다. "너는 마음을 다하고 뜻을 다하고 힘을 다하여 네 하나님 여호와를 사랑하라. 이 말씀을 네 자녀에게 부지런히 가르치며"(신명기 6:5-7). 단지 말로만 가르치는 것이 아니라, 삶 전체로 보여주라는 뜻입니다.

우리가 부모로서 먼저 말씀 앞에 서지 않으면, 자녀에게 등불을 줄 수 없습니다. '주일에 교회 가는 것'만으로 충분하지 않습니다. 매일의 삶에서 하나님의 말씀을 묵상하고, 그 말씀을 기준 삼아 살아가려는 모습을 보여줄 때, 자녀는 자연스럽게 '삶의 나침반'을 갖게 됩니다.

말씀은 단순한 종교적 교리가 아니라 살아 있는 능력입니다. 자녀가 살아갈 세상은 생각보다 더 복잡하고 어둡습니다. 그런 세상에서 자녀가 길을 잃지 않도록, 부모는 지금 자녀의 손에 등불을 주어야 합니다. 그 등불은 성경입니다. 그리고 그 빛은 진리의 말씀입니다.

말씀은 삶의 뿌리가 됩니다

우리는 종종 자녀교육에 있어서 성경 말씀을 암송하게 한다거나 교회학교에 보내는 것으로 충분하다고 여깁니다. 하지만 성경은 지식이 아니라 삶입니다. 말씀은 책 속에서 머무는 것이 아니라, 밥상 위에서, 등굣길에서, 잠들기 전의 대화 속에서 살아 움직여야 합니다.

예컨대, 아침에 하루를 시작하기 전에 가족이 함께 짧게 기도하고, 감사의 제목을 나누는 것. 저녁 식사 후 "오늘 어떤 일이 기뻤니? 속상했던 일은 있었어?"라고 물으며 자녀의 마음을 듣고, 작은 말씀 한 구절로 그 마음을 안아주는 것. 이런 일상 속에서 말씀은 자녀의 마음에 뿌리를 내립니다.

말씀은 부모의 눈물이 되기도 하고, 화해의 손길이 되기도 하며, 용서의 말이 되기도 합니다. 자녀와의 갈등 속에서도 "하나님은 우리에게 오래 참으신단다. 엄마도 그렇게 너를 기다릴게"라는 말 한마디는, 가장 강력한 '삶의 복음'이 됩니다. 그런 경험이 반복되면, 자녀는 결국 말씀을 삶의 언어로 체득하게 됩니다.

흔들리는 시대에 흔들리지 않는 기준

오늘의 자녀들은 역설적인 시대를 살고 있습니다. 정보는 넘쳐나고, 선택지는 다양하지만, 무엇이 진짜 옳은 것인지 분별하기 어려운 시대입니다. 성적, 외모, 성격, 인기 등 비교와 경쟁이 모든 기준이 되는 세상 속에서 자녀는 혼란을 겪고 자주 자신을 잃습니다.

그러나 하나님의 말씀은 시대와 관계없이 항상 같은 진리를 전합니다. 말씀은 단호하고 따뜻하게 말합니다. "이 길이 옳다. 이 길을 걸어라."(이사야 30:21) 말씀은 우리 삶의 기준이 되고, 혼란 속에서 방향을 정해 줍니다. 진리는 변하지 않습니다. 그렇기에 말씀이 기준이 될 때, 자녀는 외부의 평가에 휘둘리지 않고 자신의 삶을 흔들림 없이 걸어갈 수 있습니다.

말씀은 자녀에게 "너는 존귀한 존재야", "하나님이 너를 특별히 지으셨어"라는 정체성을 심어줍니다. 세상의 평가는 변하지만, 말씀 안에서 자신을 보는 눈은 흔들리지 않습니다. 이 기준 위에서 자녀는 자신의 소명과 삶의 의미를 발견하게 됩니다.

말씀 위에 세운 인생

하나님은 자녀 한 사람, 한 사람에게 특별한 계획과 사명을 주셨습니다. 그것은 부모가 대신 걸어줄 수 없는 길입니다. 그러나 부모는 그 길을 밝혀주는 '등불'이 되어줄 수 있습니다. 자녀가 자신의 정체성을 발견하고, 하나님의 뜻을 깨닫고, 그 길을 걸어가도록 도와주는 역할이 바로 우리에게 주어진 사명입니다.

말씀은 그 여정의 시작이자 여정 그 자체입니다. 어려움 앞에서 낙심할 때 "두려워하지 말라 내가 너와 함께함이라"(이사야 41:10)라는 말씀이 자녀를 일으킵니다. 갈등 속에서 "사랑은 오래 참고 친절하며"(고린도전서 13장)하는 말씀은 선택의 기준이 됩니다. 자신의 존재에 대해 흔들릴 때, "너는 내 것이라 내가 너를 지명하여 불렀다"(이사야 43:1)하는 말씀은 다시 정체성을 세워줍니다.

우리는 자녀가 훌륭한 사람, 성공한 사람이 되기를 바랍니다. 그러나 그보다 먼저, 말씀 위에 인생을 세운 사람이 되게 하는 것이 진정한 부모의 역할입니다. 말씀은 자녀에게 내면의 힘을 주고, 위기의 순간에 중심을 잡게 하며, 사랑과 정의가 살아 있는 사람으로 자라게 합니다.

오늘, 자녀의 손에 말씀이라는 등불을 쥐여주세요

우리가 할 수 있는 가장 위대한 교육은 '말씀을 전해주는 것'이 아니라, '말씀으로 살아내는 것'입니다. 부모의 눈빛 속에, 인내 속에, 회복의 대화 속에, 삶의 방향을 정하는 결정 속에 말씀이 담겨 있을 때, 자녀는 말씀이 단지 교회에서 듣는 이야기가 아니라 '삶의 기준'임을 자연스럽게 받아들이게 됩니다.

지금, 자녀가 방황하고 있다면, 그 손에 다시 말씀을 쥐여주십시오. 인생을 다시 바라볼 수 있도록 도와주는 말씀, 실패해도 다시 시작할 수 있도록 일으켜주는 말씀, 어둠 속에서도 길을 잃지 않게 하는 말씀을 손에 쥐여주는 것. 그것이 우리가 자녀에게 줄 수 있는 가장 귀하고 영원한 유산입니다.

부모의 삶으로, 사랑으로, 기다림으로 말씀을 전하십시오. 그리고 무엇보다, 하나님의 말씀 그 자체로 자녀의 인생을 비추어 주세요. 그러면 자녀는 어두운 길에서도 길을 잃지 않을 것입니다. 말씀은 언제나 살아 계시며, 우리 자녀의 삶을 인도하는 참된 빛이 되어줄 것입니다.

말씀 위에 세운 인생 – 자녀에게 줄 수 있는 가장 위대한 유산
말씀은 단지 자녀를 착하게 만드는 도구가 아닙니다. 인생의 방향, 영혼의 구조, 삶의 깊이와 영원을 연결하는 진리입니다. 우리는 자녀에게 많은 것을 주고 싶어 합니다. 좋은 교육, 건강, 인성, 경제적 안정…. 하지만 그 모든 것을 넘어서는 선물이 있다면, 그것은 바로 '말씀을 중심으로 살아가는 삶'입니다.

말씀은 자녀가 어릴 때는 길잡이가 되고, 청소년기에는 방패가 되며, 청년기에는 소명을 이끌고, 인생 전반에는 등불로서 늘 함께 걷는 친구가 됩니다.

오늘, 자녀의 손에 등불을 쥐여주십시오
부모인 우리가 자녀의 손에 쥐여줄 수 있는 가장 귀한 선물은 바로 말씀이라는 등불입니다. 그 길은 쉽지 않고 때로는 말씀대로 살아가려 할 때 오히려 불편함과 오해를 겪을 수도 있습니다. 하지만 그 빛은 어두울수록 더 밝게 빛납니다.

오늘, 자녀에게 등불을 쥐여주세요.

말로만이 아니라, 삶으로. 지시로만이 아니라, 동행으로. 훈계로만이 아니라, 사랑과 기다림으로. 그리고 무엇보다 하나님의 말씀으로. 말씀이 자녀의 인생을 비추는 빛이 될 때, 그들은 결코 길을 잃지 않을 것입니다.

제 4 장.
두뇌 과학에서 배우는 지혜 :
뇌 발달에 맞춘 교육 전략

두뇌 과학 :
발달에 맞춘 교육 전략

뇌를 알면 아이가 보입니다
아이를 키우는 일은 매일 선택의 연속입니다.
울음을 참아야 할까? 안아줘야 할까?
어떻게 하면 공부를 좋아하게 만들 수 있을까?
말을 잘 듣게 하려면 어떻게 해야 할까?

이 수많은 고민의 실마리를 푸는 열쇠는 '뇌과학'에 있습니다.
아이의 뇌가 어떻게 발달하는지, 감정은 어디서 비롯되는지, 그리고 반복된 경험이 뇌에 어떤 흔적을 남기는지를 이해하면, 우리는 아이의 '겉모습'만이 아니라 '속마음'과 '발달 상태'를 볼 수 있게 됩니다.

뇌과학은 단지 과학 지식이 아니라, 사랑을 지혜롭게 실천하는 길이기도 합니다. 이제, 부모로서의 사랑을 뇌의 언어로 표현해보세요. 당신의 한마디, 당신의 태도가 아이의 뇌를 만들고 있습니다. 아이의 뇌를 읽는 순간, 아이의 마음이 보이기 시작할 것입니다.

아이의 뇌는 부모의 말과 행동으로 자란다

"뇌는 사랑받을 때 자랍니다"

1. 태어날 때 뇌는 아직 미완성입니다
갓 태어난 아기의 뇌는 마치 기초공사만 마친 건물과 같습니다. 가장 중요한 구조물인 생존과 감정을 담당하는 뇌간과 편도체는 작동하지만, 생각, 판단, 자기조절을 맡는 전전두엽은 아직 덜 자라 있습니다. 아이의 뇌는 경험을 통해 만들어지는데, 이때 가장 큰 영향을 미치는 것이 바로 부모와의 상호작용입니다.

2. 애착은 전전두엽을 자라게 합니다
뇌과학은 말합니다. "사랑받은 경험이 전전두엽을 키웁니다" 엄마가 아기의 울음에 민감하게 반응하고, 아이의 감정을 받아주는 순간, 뇌 안에서는 신경세포 간의 연결이 활발하게 이루어집니다. 이는 감정 조절, 공감, 자기통제 등 사회정서 발달의 기반이 됩니다.
특히 0~3세까지의 경험은 뇌 구조 자체에 흔적을 남깁니다. 따뜻한 애착은 평생의 안정감을 만들어 주고, 불안정한 애착은 스트레스에 쉽게 무너지는 뇌 구조를 남깁니다.

3. 부모의 말이 뇌 회로를 만듭니다
"왜 그렇게 했어?" "그만 좀 해!"
우리의 습관적인 말들이 아이의 뇌에 '위협 반응 회로'를 만들기도 합니다. 반대로 "괜찮아, 다시 해보자" "어떻게 느꼈어?"와 같은 말은 아이의 전두엽이 활성화되고 자기 이해와 감정 조절 능력을 키우는 데 도움을 줍니다. 부모의 말투, 표정, 반응 하나하나가 아이의 뇌 회로를 설계합니다. 아이를 고치려 하기 전에, 아이의 뇌를 먼저 이해해야 합니다.

4. 아이의 '문제행동'은 미성숙한 뇌의 표현이다.
"말을 안 들어요"
"짜증을 자주 내요"
"계속 움직이고 가만히 있지 못해요"
이런 행동은 단순히 '버릇없음'이 아니라, 아직 미성숙한 전전두엽의 작용입니다. 부모가 아이의 뇌 상태를 이해할수록, 훈육은 '지시'가 아닌 '도움'이 됩니다. 뇌는 꾸중 보다 기다림과 모범으로 성장합니다.

5. 부모의 뇌가 먼저 안정되어야 합니다
아이의 뇌는 부모의 뇌를 '거울처럼' 비춥니다.
부모가 불안하고 짜증이 많으면, 아이도 불안정해지고 감정 기복이 심해질 수 있습니다. 자녀교육은 아이를 바꾸는 일이 아닙니다. 내가 바뀔 때, 아이의 뇌도 변합니다.

"아이의 뇌는 '가르침'보다 '관계' 속에서 자랍니다."

왜 뇌를 알아야 하는가?
"뇌를 이해하는 순간, 아이의 행동이 보입니다"
아이를 키우다 보면 어느 순간 막다른 골목에 다다른 듯한 기분이 듭니다. 사랑은 넘치는데, 왜 아이는 말이 통하지 않을까요? 내가 해주는 조언이 왜 아이에겐 잔소리처럼 들릴까요? '이 아이는 왜 이럴까?' 하는 생각에 자책하거나 분노하게 되기도 합니다.

하지만 이 질문을 이렇게 바꿔보면 어떨까요?

"우리 아이의 뇌는 지금 어떤 상태일까?"

"내 말과 행동이 우리 아이의 뇌에 어떤 영향을 줄까?"

이 질문은 부모가 아이를 지시하는 존재에서, 이해하고 기다려주는 존재로 바꾸게 합니다. 그 출발점이 바로 '뇌'를 아는 일입니다.

아이의 뇌는 지금도 만들어지고 있습니다

사람의 뇌는 태어나면서부터 완성되지 않습니다. 특히 감정을 조절하고, 사고하며, 공감하는 '전전두엽'은 20대 중반까지도 계속 발달합니다. 즉, 아이의 많은 행동은 뇌가 아직 미성숙해서 생기는 자연스러운 과정입니다. 부모가 이 사실을 알면, 아이의 실수에 덜 화내게 됩니다. 아이의 감정 표현을 억누르기보다 받아들이게 됩니다. 그리고 무엇보다, 아이를 다그치기보다 도울 방법을 찾게 됩니다.

훈육이 통하지 않는 이유는 '뇌의 언어'를 몰라서입니다.

"몇 번을 말해도 못 알아들어요."

"화를 내야 말을 듣습니다."

"스스로는 절대 안 하려고 해요."

많은 부모들이 겪는 문제입니다. 하지만 아이가 일부러 반항하는 걸까요? 고집이 센 걸까요?

사실, 그 아이의 뇌는 지금 부모의 말이 위협처럼 들리는 상태일 수도 있고, 감정을 조절할 회로가 아직 연결되지 않은 상태일 수도 있습니다.

뇌를 이해하면, 우리는 아이를 고치려 하기보다, 아이의 뇌가 '자라도록' 돕게 됩니다. 이는 양육의 패러다임을 바꾸는 일입니다.

뇌를 아는 부모는 다르게 반응합니다. 아이가 짜증을 낼 때, '훈계'보다 '공감'을 먼저 합니다. 산만한 행동 뒤에 숨은 뇌 발달 단계를 봅니다. 오늘의 행동보다, 뇌가 어떻게 성장 중인지를 중요하게 여깁니다.

부모가 뇌를 이해하는 순간, 아이도 더 안전해지고, 더 자신 있게 자라납니다. 그리고 무엇보다, 부모 자신이 덜 지치고 덜 흔들립니다.

뇌과학은 사랑을 돕는 도구입니다

사랑만으로는 충분하지 않습니다. 사랑에 지혜가 더해질 때, 그 사랑은 아이의 뇌에 '건강한 회로'를 남깁니다.

부모의 따뜻한 눈빛, 한마디의 말, 손끝의 스킨십이 아이의 뇌를 어떻게 변화시키는지, 그 경이로운 이야기를 함께 풀어나가고자 합니다.

뇌 발달의 민감기 :
0~7세의 중요성

뇌는 생애 첫 7년 동안,
이후의 발달을 위한 기초 구조를 완성합니다.

"아이의 성격은 7살 전에 거의 다 결정된다." 이 말이 단순한 속설은 아니라는 사실, 알고 계셨나요? 0~7세는 뇌 발달의 골든타임 즉 결정적 시기(critical period)입니다. 이 시기에 아이가 어떤 자극과 환경을 경험했는지가 뇌의 신경회로 구성, 감정 조절 능력, 언어 습득, 사회성, 학습 태도에 지대한 영향을 끼칩니다.

하버드 아동발달센터는 다음과 같이 말합니다. "경험은 뇌를 새롭게 배선한다." 뇌 발달은 자연히 이루어지는 것이 아니라 경험을 통해 만들어집니다. 부모와의 애착, 놀이, 말 걸기, 반응, 감정적 공감이 모두 뇌 안의 시냅스 회로 형성에 관여합니다.

왜 0~7세가 민감기일까?

신생아의 뇌에는 약 1,000억 개의 뉴런이 존재하지만, 대부분 연결되어 있지 않습니다. 이후 외부 자극, 감각 경험, 사람과의 관계, 놀이와 상호작용을 통해 신경세포들 사이에 시냅스(synapse)

연결이 생성되고, 이 회로들이 반복과 경험을 통해 강화되거나 가지치기(pruning) 됩니다.

- 0~3세까지는 감각계,
- 3~6세: 감정과 언어, 운동 기능 회로 강화
- 6~7세는 자기조절과 고차원 사고를 위한 회로 형성

즉, 이 시기에 '무엇을 얼마나 자주 경험했느냐'가 뇌 회로를 결정합니다.

시냅스 생성과 가지치기
- 0~2세: 시냅스 생성의 절정기 → 외부 자극이 많을수록 연결이 폭발적으로 형성됩니다.
- 3~6세: 자주 사용하는 회로는 강화, 쓰지 않는 회로는 제거
- 7세 이후: "가지치기" 본격화 → 효율적인 회로 정비가 시작됨

이 시기에 아이는 뇌 구조의 '기초공사'를 완성하게 됩니다. 공사가 잘 이루어지면 이후의 정비와 리모델링이 쉬워지고, 기초가 약하면 평생을 두고 보완이 필요합니다.

일상의 자극이 뇌를 만든다
부모의 일상적인 말투, 반응, 놀이의 태도, 감정 표현 하나하나가 아이의 뇌 회로에 흔적을 남깁니다. 아이의 "왜?"라는 질문에 성실히 답하는 것은 지식 전달 그 이상입니다. 그것은 뇌 회로 형성의 재료이자, 성장 자극의 시작입니다.

- 반복된 긍정적 대화 → 언어 능력 및 사회성 회로 강화
- 따뜻한 접촉과 공감 반응 → 감정 조절 및 안정성 회로 강화
- 음악, 율동, 그림 그리기 등 감각 놀이 → 감각 통합과 창의성 회로 활성화

이 모든 자극은 뉴런 간 연결을 강화하며, 아이의 '생각하는 뇌'를 탄탄하게 만들어줍니다.

민감기를 놓치면 생기는 일?

물론 뇌는 평생 변화하는 '신경가소성(neuroplasticity)'을 가집니다. 하지만 0~7세 이후에는 뇌가 효율성을 우선시하기 시작하면서 자주 쓰지 않는 회로는 제거됩니다. 이 시기를 놓치면 변화가 불가능한 것은 아니지만, 회복에는 더 많은 시간과 에너지가 필요합니다.

예를 들어, 언어 민감기(0~5세)를 놓치면 이중 언어 습득이 어려워지고, 감정 표현이나 사회적 소통에도 장벽이 생기기 쉽습니다. 감정이나 사회성도 마찬가지입니다. 초기 경험이 만든 회로는 나중에 되돌리기 어렵습니다.

유전보다 강한 환경의 힘

아이의 뇌 발달은 유전적 요인뿐 아니라 환경적 요인(environmental factors)에 강하게 영향을 받습니다. 특히 유아기(0~7세)에는 부모의 말과 행동, 정서적 반응, 놀이 환경이 아이의 뇌 구조와 기능을 결정짓는 데 절대적인 역할을 합니다.

부모가 할 수 있는 뇌 자극 환경

1. 다정한 말 걸기와 반응하기
- 언어 회로와 감정 회로를 동시에 자극합니다.
- 따뜻한 반응은 신뢰 회로 형성과 스트레스 호르몬 감소에 기여합니다.

2. 함께 놀이하기
- 손을 쓰는 미세 운동은 문해력, 창의성, 문제 해결력과 연결 됩니다.
- 놀이를 통한 신체 협응은 뇌의 운동 및 계획 영역 발달을 돕습니다.

3. 반복된 루틴 만들기
예측 가능한 환경은 뇌의 안정감을 높이고, 집중력을 높입니다.

4. 감각 자극 제공하기
색감, 소리, 질감, 자연물은 감각 통합 회로를 자극합니다.

5. 풍부한 대화와 상호작용
- 단순한 듣기보다 대화 중심 상호작용이 중요합니다.
- 책 읽기, 질문 주고받기, 이야기 나누기는 사고력 발달의 열쇠입니다.

6. 건강한 스트레스와 회복 경험
- 일상의 작은 도전과 성공은 회복탄력성을 높이고,

- 만성 스트레스는 뇌의 감정 중추를 위협합니다.

7. 충분한 수면과 운동
- 수면은 뇌의 청소와 정보 정리에 필수입니다.
- 놀이형 신체 활동은 집중력, 기억력, 감정 조절에 도움을 줍니다.

뇌 속 신경세포(뉴런)들은 서로 연결되어 정보를 주고받습니다. 이때 만들어지는 연결을 시냅스(synapse)라고 부르며, 경험이나 자극에 따라 새로운 시냅스가 생기고 기존 연결이 강화되기도, 약해지기도 합니다. 경험할수록 뇌 안에 길이 생긴다고 볼 수 있습니다. 자주 사용하는 회로는 강화되고, 쓰지 않는 회로는 가지치기(pruning) 되어 사라집니다. 이 연결망이 곧 생각, 감정, 언어, 운동, 학습 능력의 기초가 됩니다.

반복해서 노래를 부르면 음악적 회로가 형성되고, 자주 공감 대화를 하면 감정 조절 회로(전전두엽 ↔ 편도체)가 강화됩니다.

아이의 뇌는 자극과 안정이 균형 잡힌 환경에서 성장합니다. 하루 10분 공감 대화, 자연 속 산책, 손으로 하는 놀이, 책 읽기 등은 뇌 발달을 돕는 일상의 실천입니다.

신경 가소성과 성장 마인드셋 교육
- 아이의 잠재력을 여는 두 열쇠

신경가소성 (Neuroplasticity)
뇌는 고정된 것이 아니라 경험에 따라 구조와 기능이 바뀌는 능력이 있어, 학습과 반복, 실수, 감정 경험 등을 통해 뇌 회로는 변화합니다. 이는 어떤 능력도 훈련과 노력에 의해 변화할 수 있음을 의미합니다.

성장 마인드셋 (Growth Mindset)
캐롤 드웩(Carol Dweck) 교수가 제안한 것으로 지능이나 능력은 타고난 것이 아니라, 노력과 전략에 따라 성장할 수 있다는 믿음으로 반대 개념은 고정 마인드셋(Fixed Mindset)입니다.

두 개념의 통합: 뇌가 바뀌니까, 사람도 바뀔 수 있다

요소	신경 가소성	성장 마인드셋
핵심 메시지	뇌는 경험으로 변화	사람은 노력으로 성장
변화의 조건	반복, 자극, 감정, 시도	도전, 실수 수용, 전략 수정
교육적 의미	환경이 뇌를 만든다	태도가 성장을 만든다

이 두 가지는 단순한 이론이 아니라, 아이를 바라보는 시선과 양육 태도를 변화시키는 힘입니다.
"네 뇌는 지금도 배우고 있어, 노력과 도전은 너의 뇌를 더 유능하게 만들 거야"라고 자녀에게 이야기할 수 있고, 자존감과 회복력을 세워주는 씨앗이 됩니다.

민감기, 부모의 말과 사랑이 뇌를 바꾼다

0~7세는 뇌 발달에 있어 신경 가소성이 가장 활발한 결정적인 시기입니다. 이 시기 아이의 뇌는 놀랍도록 빠르게 자라고, 부모의 말 한마디, 반응 하나가 회로의 운명을 바꿉니다.

- "너는 할 수 있어"는 성장 회로를 자극합니다.
- "괜찮아, 다시 해보자"는 정서 회로를 안정시킵니다.

아이의 실패를 바라보는 부모의 시선이, 아이의 뇌 구조와 인생 태도를 함께 형성합니다.

부모는 건축가입니다. 사랑과 신뢰, 공감과 대화를 재료로 아이의 뇌를 설계하는, 가장 중요한 설계자입니다.

감정을 다루는 뇌 :
공감하는 부모

- 정서 뇌는 공감에서 자란다

감정은 뇌의 언어다
"울지 마!"
"그런 일로 화내면 안 돼!"

이런 말은 아이의 감정을 멈추게는 하지만, 이해받았다는 느낌을 주지 못합니다. 아이의 감정은 단순한 반응이 아니라, 뇌에서 일어나는 신경화학적 현상이며, 정서발달의 중심에는 감정 조절을 가능케 하는 뇌 구조가 있습니다.

감정은 바로 뇌가 사용하는 언어입니다. 감정을 알아차리고, 이름 붙이고, 표현하고 조절하는 능력은 아이가 건강한 뇌 구조 안에서 길러야 할 중요한 기술입니다.

감정을 담당하는 뇌 구조
감정과 정서조절에 관여하는 주요 뇌 부위와 역할
편도체 (Amygdala) :
위험 감지, 감정의 빠른 반응 (공포, 분노 등), 정서 기억 저장소

전전두엽 (Prefrontal Cortex) :
감정 조절, 판단, 공감, 충동 억제, 감정의 조율자
해마 (Hippocampus) :
감정과 연관된 기억 형성, 학습과 연결됨

정서 뇌는 후천적으로 훈련되며, 뇌의 회로는 생후 0~7세까지 공감과 반응의 경험을 통해 활발히 형성되는 시기입니다. 감정에 대한 반응을 어떻게 경험하느냐가 뇌 발달에 결정적인 영향을 줍니다.

감정 조절은 '관계' 안에서 배운다
아이의 감정 조절 능력은 스스로 습득하는 기술이 아니라, 관계 안에서 길러지는 능력입니다. 즉, 아이는 감정을 조절하기 전에 먼저 감정을 '공감받는 경험'을 통해 감정을 인식하게 됩니다.

감정 발달의 단계
공감받기 →감정 이름 붙이기 →감정 거리 두기 →행동으로 전환하기
부모가 "그랬구나. 속상했겠다."라고 말할 때, 아이의 편도체 반응은 가라앉고, 전전두엽은 활성화됩니다.

뇌과학이 말하는 '공감하는 양육'

1. 공감은 뇌의 언어다
인간의 뇌는 사회적 연결을 추구하는 구조로 설계되었으며, 거울

뉴런을 통해 공감은 다른 사람을 관찰할 때, 마치 우리가 그 행동을 직접하고 있는 것처럼 뇌가 반응한다는 뜻입니다.

예를 들면 다른 존재가 어떤 행동을 할 때, 그걸 보기만 해도 자신이 그 행동을 할 때처럼 뇌가 활성화되는 뉴런입니다.

공감(Empathy)은 단지 감정적으로 따뜻한 태도가 아니라, 타인의 고통이나 기쁨을 내 몸처럼 느끼도록 만들기 때문입니다.

아이가 넘어져 울 때, 부모가 "많이 아팠겠다, 많이 놀랐지?" 하고 진심으로 반응하는 이유는 뇌가 아이의 고통을 거울처럼 받아들여 공감하게 되기 때문입니다. 이 공감은 아이에게 정서적 안정감을 주고, 아이 역시 타인의 감정을 느끼고 표현하는 능력을 배우게 됩니다.

2\. 공감하는 부모가 아이의 전두엽을 키운다

공감은 아이의 감정 조절력과 자기통제력 발달에 중요한 역할을 합니다. 부모가 감정을 받아주고 이름 붙여주면, 아이의 전두엽(이성, 계획, 자기통제 관련 부위)이 활성화되지만, 반대로 비난, 무시, 방임은 스트레스 반응을 유발해 편도체(amygdala)가 과잉 활성화됩니다. 예를 들면, "너 화났구나. 속상했겠다." vs. "그깟 일 가지고 왜 울어!"

3\. 공감이 만드는 안전기지 - 애착과 뇌 발달

아이에게 정서적으로 안정된 관계를 제공하는 대상은 주로 부모로 아이의 심리적 안전기지가 됩니다. 아이는 이 기지를 기반으로 세상을 탐험하고, 어려움에 부딪히면 다시 돌아와 위로와 회복을 얻습니다.

안정 애착은 스트레스 조절 시스템이 건강하여, 코르티솔(스트레스 호르몬) 수치가 낮고, 학습과 사회성에도 긍정적 영향을 미칩니다. 뇌과학적 측면에서도 전두엽(계획, 자기조절)과 해마(기억, 학습)가 더 잘 발달 되었고 감정을 조절하고 사회적 관계를 맺는 능력도 더 뛰어납니다.

4. 공감 결핍이 뇌에 미치는 영향
반복되는 무관심, 정서적 방임은 뇌 발달 지연을 초래할 수 있으며, 유아기 스트레스는 시냅스 연결을 약화시키고, 뇌의 구조 자체에 영향을 미칩니다. 회복은 가능하지만, 공감 결핍은 흔적을 남깁니다.

5. 공감하는 양육이 키우는 사회적 지능
뇌는 타인의 표정, 말투, 행동을 해석하는 사회적 뇌 네트워크를 갖고 있어서, 부모의 공감 행동은 아이가 타인의 마음을 읽는 능력을 갖게 됩니다. 공감 능력이 뛰어난 아이는 친구 관계, 학교생활, 사회성 등에서 더 건강하고 긍정적인 성장을 이룹니다.

6. 뇌를 키우는 공감 대화 실천 팁
감정에 이름 붙이기 - "그게 무섭게 느껴졌겠구나."
얼굴 표정 관찰 - "너 요즘 많이 피곤한 것 같아."
침착한 신호 전달 - "엄마도 속상하지만, 너와 같이 이야기하고 싶어."
눈 맞춤, 스킨십 등 비언어적 공감 표현 활용.

7. 공감은 뇌 발달의 영양분이다

공감은 단순한 좋은 태도를 넘어, 아이의 뇌 구조와 정서적 회복력을 형성하는 강력한 도구입니다. 부모가 공감하는 태도로 아이의 감정을 수용할 때, 아이의 뇌는 안전과 신뢰의 토대 위에서 건강하게 자랍니다. 공감은 아이의 뇌를 건강하게 연결하고, 관계의 기반을 튼튼히 다져주는 양육의 핵심입니다.

8. 감정 조절력은 성공의 열쇠이다.

감정 조절력이란 자신의 감정을 인식하고, 적절하게 표현하고 조절하는 능력입니다. 이 능력은 지능이나 재능보다도 아이의 인생에 더 깊은 영향을 줍니다. 감정을 다룰 줄 아는 아이는 인생의 실패와 갈등, 스트레스 속에서도 유연하게 대처할 수 있는 회복력을 갖추게 됩니다.

정서조절 능력이 높은 아이는 전전두엽 기능이 잘 발달 되어 있으며, 안정된 애착 관계 속에서 반복된 공감 경험은 뇌 회로를 더욱 탄탄하게 만듭니다.

부모의 감정코칭이 만드는 정서 지능

"부모가 감정을 다루는 방식은 아이의 뇌 구조가 된다."
— Daniel J. Siegel

부모의 공감은 아이의 뇌를 변화시키는 힘입니다.

감정코칭 이란?

John Gottman 박사에 따르면, 감정코칭은 아이의 감정을 수용하고 공감하며, 바람직한 행동으로 지도하는 양육 방식입니다.

감정코칭 부모의 5단계
- 감정을 알아차린다. (아이의 표정, 행동, 말에서 감정 신호 포착)
- 감정을 인식한다. (훈육보다는 교육의 기회로 보기)
- 공감하고 경청한다. ("그럴 수 있겠다.", "엄청 속상했겠네.")
- 감정에 이름 붙여준다. ("슬펐구나, 실망했겠다")
- 문제를 함께 해결한다. ("그럴 땐 어떻게 할까?" " 다음엔 뭐라고 말할까?")

감정코칭이 아이에게 주는 영향

감정코칭의 효과는 전전두엽의 발달로 감정 조절, 공감, 충동 억제 기능이 향상됩니다. 정서 표현 능력으로, 감정을 말로 표현하며 억압이나 공격 대신 소통 능력이 향상됩니다. 자기 이해력의 향상으로, "나는 지금 왜 이런 감정을 느낄까?"에 대한 통찰이 생깁니다. 사회성 향상으로 타인의 감정을 이해하고 조율하는 능력이 향상됩니다. 스트레스 회복력은 어려움에도 유연하게 대처하는 회복탄력성의 증가입니다.

일상 속 감정코칭 예시

아이가 울며 말합니다, "싫어!" - "지금 싫은 감정이 있구나. 뭐가 그렇게 싫었는지 말해볼래?"

친구와 싸움, - "화가 났겠다. 그렇다고 때리는 건 안 돼. 대신 뭐라고 말할 수 있을까?"

"아이의 뇌는 부모의 감정 언어를 통해 정서 회로를 구축한다."

부모를 위한 실천 가이드

- 감정을 먼저 들어주고, 행동을 지도하기
- 문제를 해결하려 하지 말고 감정을 먼저 수용하기
- "울지 마" 대신, "무슨 일 있었어?"라고 묻기
- 감정을 억누르지 말고 말로 표현할 수 있도록 도와주기
- 부모 스스로도 자신의 감정을 조절하며 모델링 하기

감정은 이해받아야 할 '마음의 언어'입니다. 부모가 아이의 감정을 들을 준비가 되어 있을 때, 아이는 자기 자신과 세상을 믿을 수 있는 힘을 얻게 됩니다.

공감은 뇌 발달을 촉진 시키는 가장 따뜻하고도 과학적인 양육 도구이며, 부모의 공감은 아이의 뇌를 변화시키는 사랑의 기술입니다.

말 한마디가 뇌를 바꾼다 :
말에 반응하는 유기체

"우리의 말은 아이의 뇌에 흔적을 남기고, 그 흔적은 평생의 삶을 결정짓습니다." 우리는 종종 '말은 바람처럼 흘러가고 사라지는 것'이라고 생각합니다. 그러나 뇌과학은 분명히 말합니다. 말은 뇌에 흔적을 남기고, 그 흔적은 아이의 사고방식과 성격, 심지어 인생의 방향까지 결정짓는다는 것입니다.

뇌는 말에 반응하는 유기체
인간의 뇌는 '언어'에 매우 민감하게 반응하는 정교한 유기체입니다. 특히 유아기의 뇌는 부모의 말투, 어조, 감정 표현에 따라 다르게 작동하며, 말의 성격에 따라 서로 다른 뇌 부위가 활성화됩니다.

예를 들어, 공포와 위협을 감지하는 편도체는 부정적인 말에 민감하게 반응하고, 이성과 자기조절을 담당하는 전전두엽은 공감과 격려의 말에 활성화됩니다. 기억을 저장하는 해마는 감정이 담긴 언어를 강하게 각인합니다.

즉, 부모의 말 한마디는 아이의 뇌 안에 생물학적 흔적을 남기며, 자주 반복되는 말일수록 그 흔적은 굵고 깊은 신경 회로로 자리 잡게 됩니다.

뇌가 말에 반응하는 방식 (뇌과학적 메커니즘)

"같은 말이라도 뇌는 다르게 반응합니다."

뇌 부위 반응
편도체
부정적 말(비난, 협박)에 반응 → 위협감, 불안, 스트레스 유발
전전두엽
긍정적 말(격려, 공감)에 반응 → 자기조절, 공감 회로 활성화
해마
감정이 담긴 말은 강한 기억으로 저장
"넌 왜 그 모양이야?"
편도체 과 활성, 부정적 감정 각인
"괜찮아. 다시 해보자."
전전두엽 강화, 회복탄력성 증가

부모의 말은 그저 들리는 소리가 아닙니다. 뇌 속에서 생리적 변화를 유도하는 신호이자, 감정과 사고의 방향을 정하는 지도입니다.

말의 종류가 만드는 아이의 뇌
말의 종류에 따라 아이의 뇌 구조와 정서발달이 결정됩니다.

공감과 지지의 말
- "속상했겠구나."
- "넌 그렇게 말해줘서 고마워, 넌 참 용감하구나." 전전두엽 활성화

비난과 낙인의 말
"도대체 왜 이렇게 못 하니?" "넌 항상 문제야."
편도체 과활성화
→ 불안, 수치심, 학습 회피, 정체성 왜곡

도전과 성장 지향 언어
"실수는 배움의 기회야."
"아직 안 되는 거야. 곧 할 수 있어."
→ 성장 마인드셋 형성, 신경가소성 강화

반복된 말은 뇌 회로가 된다
"말은 사라지지 않습니다. 뇌 속에 회로로 남습니다."

뇌는 반복되는 자극을 통해 구조화되며, 이는 신경가소성이라는 뇌의 핵심 원리에 해당합니다. 자주 듣는 말은 아이의 뇌 속에서 연결을 강화하며, 결국 사고방식, 자기인식, 자아 개념으로 고착됩니다.

예를 들어, 부모가 이야기합니다. "넌 왜 자꾸 실수하니?" 아이는 자기 대화(Self-talk)를 합니다. "나는 실수하는 아이야." 그 믿음은 뇌 안에서 현실처럼 작동하고, 실제 행동을 결정합니다.

따라서 부모의 언어는 곧 아이의 '신념'을 만드는 작업입니다. 신념은 내면화되어 그 아이의 선택과 관계, 삶 전체를 움직이는 동력이 됩니다.

뇌를 바꾸는 부모의 말 습관
부정적인 말 긍정적인 언어로 바꾸기

"그렇게 하면 안 돼!" → "이렇게 하면 더 좋을 것 같아."
"뭐가 그렇게 어려워?" → "쉽지 않지. 그래도 함께 해보자."
"너 또 왜 그래?" → "어떤 마음이 들어서 그랬을까?"

부모의 말투가 달라지면 아이의 감정 반응도 달라지고, 뇌 회로도 전환됩니다. 말 습관을 바꾸는 것이 곧 아이의 정서와 사고의 틀을 바꾸는 첫걸음입니다.

말의 힘을 보여주는 과학적 연구

1. Andrew Newberg (앤드류 뉴버그) 뇌 신경학자
긍정적인 말은 뇌의 보상회로(도파민계)를 활성화시키고, 부정적인 말은 즉시 편도체를 자극하여 스트레스 호르몬 증가시킵니다.

2. Daniel Siegel (다니엘 시걸)
아이가 듣는 말은 전전두엽 발달과 직결
"감정 언어를 자주 사용하는 부모의 자녀는 전전두엽 발달의 촉진으로 자기조절력이 높다"

3. Carol Dweck (캐롤 드웩) 성장 마인드셋 연구
"넌 똑똑하네"보다 "노력해서 해냈구나"라는 말이 뇌의 학습 지속 회로를 더 강하게 자극

실천을 위한 부모 언어 TIP
- 감정 묘사 말 자주 사용하기 ("기뻐 보여", "화가 났구나")

- 칭찬보다는 과정 중심의 격려 ("노력했구나", "끝까지 해냈어")
- 아직"이라는 단어 사용 ("아직 안 될 뿐이야")
- 잘못했을 때도 감정부터 읽어주기 ("화났던 거 알아. 그런데…")
- 부모도 자기 말 돌아보기("나는 지금 어떤 말로 아이의 뇌를 키우고 있을까?")

아이의 뇌는 부모의 말투, 단어, 억양을 고스란히 받아들입니다. 말 한마디가 아이의 신념이 되고, 그 신념이 아이의 자기 이미지와 인생의 방향이 됩니다. 그러니 오늘, 아이에게 뇌를 바꾸는 말 한마디를 건네보세요. "괜찮아. 넌 할 수 있어."

말의 에너지 – 억양, 표정, 눈빛까지도 전달됩니다
같은 말이라도 말투, 표정, 눈빛, 촉감이 함께 전달되면 뇌에 미치는 영향이 달라집니다.

- "그래, 잘했어." (무표정) → 기계적 반응
- "와! 너 진짜 열심히 했구나!" (미소 + 눈 맞춤)
  → 도파민 분비, 애착 강화

특히 따뜻한 억양과 스킨십은 옥시토신 분비를 촉진해 아이의 안정감과 신뢰감을 형성합니다.

스트레스 호르몬과 말의 관계
부정적인 언어에 계속 노출된 아이는 코르티솔 수치가 만성적으로 상승합니다. 이는 뇌 성장 지연, 해마 위축, 감정 조절력 저하로 이어질 수 있습니다.

반대로 긍정적이고 안정적인 언어 환경은 스트레스 호르몬을 조절하고, 학습 능력, 창의성, 사회성이 자랍니다.

뇌의 보상회로와 말의 관계
칭찬, 격려, 공감 → 뇌의 도파민 분비 증가→ 동기 강화, 자기 효능감이 강화됩니다.

도파민은 뇌의 "좋아하는 회로"를 형성 → 긍정적인 학습 태도로 연결됩니다.

연령에 따른 언어 반응의 뇌과학적 특징
0~3세: 언어보다 억양, 표정, 촉감에 뇌가 반응
3~6세: 반복되는 말이 감정과 연결된 기억 회로 형성
7세 이후: 사고와 자기 해석이 발달 → 말의 의미와 뉘앙스까지 해석

이 시기의 말은 단순한 정보 전달이 아니라 아이의 신뢰 회로를 강화하거나, 반대로 공포 회로를 자극할 수 있습니다.

말 한마디의 힘을 기억하라
우리가 아이에게 건네는 말은 단순한 소리가 아니라, 아이의 뇌 구조를 바꾸는 정서적·인지적 설계도입니다.

오늘, 아이에게 말해주세요. "괜찮아. 넌 해낼 수 있어."

그 말이 아이의 뇌를 변화시키고, 인생의 방향을 바꾸는 첫걸음이 될 수 있습니다.

놀이 : 뇌의 종합 훈련소

아이의 뇌는 놀면서 자랍니다

> "놀이란 아이의 언어이며, 뇌 발달의 엔진이다."
> - 프레드 로저스 (Fred Rogers)

뇌는 놀이할 때 가장 활발히 성장합니다

놀이는 단순한 여가가 아닙니다. 아이에게 놀이는 곧 삶이며, 배우고 성장하는 가장 자연스러운 방식입니다. 특히 0~7세는 뇌 발달의 민감기로, 이 시기의 놀이 경험은 뇌 구조를 바꾸고 평생의 인지적, 정서적 기초를 형성합니다.

아이의 뇌는 단순 자극보다 감정과 의미가 연결된 경험에 더 잘 반응합니다. 놀이는 바로 그런 경험의 집약체입니다. 아이가 자유롭게 놀이에 몰입할 때 뇌에서는 다음과 같은 영역이 동시에 활성화됩니다.

* 전두엽: 계획, 판단, 문제해결
* 소뇌: 운동 협응, 균형
* 편도체와 해마: 감정 조절, 기억 형성

놀이 한 가지로 뇌 전체를 자극하는, 가장 통합적인 두뇌 훈련이 이루어지는 셈입니다.

놀이가 뇌에 미치는 과학적 영향
놀이의 종류에 따라 뇌의 특정 영역이 자극되고 발달하게 됩니다.

놀이 유형	주로 발달 되는 뇌 영역	기능
상상 놀이	전전두엽 + 해마	창의력, 기억력, 자기조절 능력
신체 놀이	소뇌 + 운동 피질	운동 능력, 위험 인식, 신체 조절
사회 놀이	전두엽 + 편도체	감정 이해, 사회성, 협력
언어 놀이	브로카영역 + 베르니케영역	표현력, 언어 이해, 논리적 사고

이처럼 놀이는 단순 오락이 아니라 뇌 전체를 발달시키는 정교한 교육 과정입니다.

놀이와 뇌 가소성 - 뇌는 놀이로 유연해집니다
'뇌 가소성(Neuroplasticity)'이란 뇌가 외부 자극에 따라 구조와 기능을 바꾸는 능력을 말합니다. 특히 0~7세는 신경망이 활발히 형성되고 재조직되는 시기로, 놀이가 뇌 발달을 촉진하는 가장 강력한 방식입니다.

놀이가 뇌 가소성에 미치는 구체적 영향:
1. 반복과 몰입 → 시냅스 강화
놀이 중 자연스럽게 반복되는 행동은 특정 시냅스 회로를 강화하고, 기억력과 집중력, 문제 해결력을 키워줍니다.
2. 감각 자극 통합 → 신경 연결망 확장
놀이에는 시각, 청각, 촉각, 움직임 등 다양한 감각이 통합되어 작용하며, 복합적인 신경 경로가 형성됩니다.
3. 정서적 만족 → 도파민 분비
재미있는 놀이는 도파민과 같은 긍정적 신경전달물질을 증가시켜 학습 효과를 높이고 정서적 안정에 매우 긍정적 영향을 줍니다.
4. 문제해결 놀이 → 전전두엽 강화
블록 놀이나 역할극처럼 계획과 조절, 유연한 사고가 필요한 놀이는 전전두엽을 활성화시켜 자기 조절력과 실행기능을 발달시킵니다.

감정 발달을 돕는 '뇌 놀이'
감정을 다루는 인형극, 역할극 등의 감정 놀이는 아이가 감정을 인식하고 조절하는 능력을 길러줍니다. 예를 들어, '화난 곰돌이' 인형을 이용한 놀이에서 아이는 자신의 감정을 표현하면서도 감정에 압도되지 않고 거리 두기를 경험합니다. 이 과정에서 편도체의 흥분이 가라앉고 전전두엽이 활성화되어, 자기조절 능력의 기반이 만들어집니다.

손은 뇌의 도구: 미세 운동과 두뇌 자극

블록 쌓기, 끈 꿰기, 그림 그리기 같은 손 놀이 들은 감각 피질, 운동 피질, 전두엽을 동시에 자극합니다. 마리아 몬테소리는 "손은 두뇌의 도구이며, 손이 움직일 때 뇌가 자란다"라고 말했습니다. 손을 사용한 활동은 단순한 조작을 넘어 뇌 회로 형성에 영향을 줍니다.

놀이 결핍의 위험

놀이가 줄어든 아이들은 전전두엽 기능 저하, 주의집중력 감소, 스트레스 호르몬(코르티솔) 상승 등의 문제를 겪을 수 있습니다. 특히 스크린 중심 생활은 뇌 발달을 저해하고, 기억력과 공감 능력을 약화시킬 수 있습니다. 놀이 없는 환경은 결국, 인지·정서·사회성 발달 지체로 이어집니다.

부모가 줄 수 있는 최고의 뇌 자극 - 함께하는 놀이

가장 강력한 두뇌 자극은 부모와 함께하는 놀이입니다. 아이는 부모와의 놀이를 통해 애착을 형성하고, 자기 효능감과 정서적 안정감을 경험하게 됩니다. 뇌과학자 다니엘 시겔은 부모가 자주 놀아주는 아이일수록 뇌 회로가 더 통합되고 불안이 적다고 이야기합니다.

뇌가 자라는 놀이, 이렇게 해보세요

1) 역할놀이
"엄마는 손님, 너는 요리사야!"
뇌 활성: 전전두엽, 감정 조절, 언어 영역

예시: 병원 놀이, 가게 놀이, 동화극 놀이
아이가 주도하고, 부모는 조력자 역할을 합니다.

2) 감각 놀이
밀가루 반죽, 촉감 상자, 리듬 놀이, 뒹굴기
핵심: 오감 자극과 감정 안정
정답 없는 놀이, 부모는 관찰자이자 공감자

3) 음악과 리듬 놀이
말, 박수, 몸짓으로도 충분
뇌 활성: 청각 피질, 운동 피질, 감정 영역
리듬 따라 손뼉치기, 즉흥 노래, 율동
잘 부르지 않아도 좋습니다. 함께 즐기는 것이 중요합니다.

4) 조작 놀이
레고, 퍼즐, 종이접기
뇌 활성: 공간 지각, 논리 사고, 좌·우뇌 협응
결과보다 과정에 집중하세요. "어떻게 만들었니?"가 중요한 질문입니다.

5) 신체 활동 놀이
술래잡기, 외발 서기, 점프, 공 던지기
뇌 활성: 정서 안정, 집중력 강화
하루 30분만 뛰어도 뇌는 훨씬 활발해집니다.

6) 감정 표현 놀이
감정 카드놀이, 감정 저금통 만들기, 감정 색칠 놀이
감정 이해, 언어 표현력, 자기 인식력 강화
"오늘 기분은 무슨 색일까?" 놀이로 감정을 시각화합니다.

놀이 시간은 뇌 성장의 골든타임

놀이야말로 아이의 뇌를 가장 풍부하게 자극하는 최고의 교육입니다. 특히 0~7세 시기에는 놀이가 곧 두뇌 발달입니다. 아이의 하루가 놀이로 채워질 때, 그 뇌는 균형 있게 성장하고, 감정과 사회성, 창의력, 자기조절 능력이 함께 자라납니다.

"아이에게 놀이는 일이다. 놀이를 잘하는 아이가, 삶도 잘 살아간다."

습관 :
뇌의 자동화 전략

"사람은 습관의 총합이다."
- 아리스토텔레스

습관은 뇌의 자동화 전략이다

"세 살 버릇 여든까지 간다" 속담은 단순한 격언이 아닙니다. 오늘날 뇌과학은 이 말이 과학적으로도 매우 타당하다는 사실을 증명합니다.

뇌는 에너지를 효율적으로 사용하기 위해 자주 반복되는 행동을 자동화합니다. 이때 작동하는 뇌 부위가 바로 기저핵(Basal Ganglia)입니다. 기저핵은 우리가 반복하는 '루틴 행동'을 기억하고 저장하며, 반복할수록 그 행동은 생각하지 않아도 저절로 실행되도록 회로가 만들어집니다.

예를 들어, 양치질을 습관화한 아이는 이제 부모가 말하지 않아도 스스로 칫솔을 집어 듭니다. 처음엔 인지적 노력이 필요했지만, 반복을 통해 '생각하지 않아도 되는 행동'으로 전환된 것입니다.

습관은 반복을 통해 자동화되고, 시간이 지나 성격이 되며, 결국 삶의 구조를 만듭니다.

반복 → 자동화 → 지속성 → 성격 → 삶의 방식

왜 나쁜 습관은 쉽게, 좋은 습관은 어렵게 자리 잡을까?

뇌는 감정적으로 강한 자극에 더 쉽게 반응하고, 그 행동을 잘 기억합니다. 특히 보상 호르몬인 도파민이 분비되는 순간, 뇌는 그 행동을 더 반복하고 싶어집니다.

그래서 스마트폰, 군것질, 미루기, 과도한 영상 시청 같은 행동은 빠르게 습관화되는 반면, 독서, 정리정돈, 인사, 연습과 같은 유익한 습관은 상대적으로 시간이 더 걸립니다.

이유는 간단합니다. 후자의 습관은 즉각적인 보상이 적기 때문입니다. 그러므로 부모는 좋은 습관에 '긍정적 감정'과 '적절한 보상'을 연결해 주는 역할을 해야 합니다.

- 방 정리 후 함께 기분을 나누며 "와, 정말 상쾌하다!" 말해주기
- 책을 다 읽은 뒤 따뜻한 포옹과 대화를 함께 하기
- 칭찬보다 스스로 성취했다는 감정을 느끼게 해주기

이처럼 감정과 연결된 경험은 뇌에 깊이 각인되어 습관 형성의 동기가 됩니다. 반복은 뇌 회로를 만들고, 반복은 습관을 만드는 뇌의 가장 강력한 도구입니다.

처음에는 느리지만, 반복할수록 시냅스 연결이 강화되고, 어느 순간 그 행동은 전전두엽(의사결정 영역)을 거치지 않고 자동 실행됩니다.

뇌가 기억하는 습관 형성의 3단계
1. 신호(Trigger): 특정 시간, 장소, 감정
2. 행동(Action): 반복하고자 하는 실제 행위
3. 보상(Reward): 심리적 만족감, 칭찬, 안정감

저녁 식사 후 (신호) → 책 10분 읽기 (행동) → 부모와 이야기하고 스티커 붙이기 (보상)

이 패턴이 반복되면 뇌는 이 구조를 하나의 '루틴 회로'로 저장하게 됩니다.

좋은 습관은 단지 지시된 행동이 아니고, 반복을 통해 스스로 조절하는 힘, 즉 자율성의 기반이 됩니다. 정리정돈을 습관화한 아이는 누가 시키지 않아도 자신의 물건을 제자리에 두고, 학습 루틴이 몸에 밴 아이는 부모의 잔소리 없이도 책상에 앉습니다.

자율적 행동은 기저핵과 전전두엽이 균형 있게 작동할 때 나옵니다. 기저핵은 반복된 행동을 저장하고 전전두엽은 그 행동을 스스로 선택하게 만듭니다. 좋은 습관은 이 두 부위가 조화롭게 작동하게 만드는 훈련이자, 뇌의 힘을 키우는 과정입니다.

부모가 만들어주는 '습관의 뇌 환경'
습관은 단순한 의지력이나 훈계로 형성되지 않으며, 아이 혼자 만들기 어렵습니다. 아이의 뇌는 환경, 자극, 반복, 모델링, 감정적 안정감을 바탕으로 루틴을 기억하고 지속합니다. 부모는 아이가 좋은 습관을 형성할 수 있도록 도와줍니다.

다음은 뇌 친화적인 습관 형성을 위한 부모의 전략입니다.

1) 루틴 만들기 – 뇌는 반복을 좋아합니다
- 아침, 점심, 저녁의 일상 흐름을 일정하게 유지
- 예: "기상 → 세수 → 아침 식사 → 책 읽기 10분"
- 예: "일어나면 무조건 침대 정리하기"

2) 트리거(Trigger) 설정 – 습관의 시작점 만들기
- 반복적인 신호로 뇌가 예측 가능하게 만들기
- 매일 저녁 같은 음악 틀기 → 정리 시간 트리거로 인식

3) 작은 성공 경험 – 뇌는 성취감에 반응한다
- 처음부터 큰 목표보다는 작고 쉬운 행동으로 시작
- 예: "책 1쪽만 읽자" → "장난감 1개만 정리하자"
- 작게 시작한 성공이 반복되면 도파민 분비 → 습관 강화

(4) 감정 연결 – 기억을 강화하는 열쇠
- 예: "정리된 방이 너무 기분 좋지 않니?"
- "책 읽고 나면 함께 간식 먹자"처럼 정서적 보상 제공

(5) 모델링 – 말보다 행동으로 보여라
아이 뇌에는 '거울 뉴런(Mirror Neuron)'이 있어 모방을 통해 학습
부모가 먼저 책 읽기, 정리, 운동 등을 실천
매일 반복하는 부모의 행동은 아이에게 그대로 각인됨

나쁜 습관은 어떻게 바꿀까?
기존의 나쁜 습관을 바꾸려면 단순한 '금지'보다 대체 전략이 효과적입니다.

예를 들면

'TV 보며 밥 먹기 습관' → 식사 전 TV 끄고, 대신 식탁에서 음악 틀기

식사 후 10분간 짧은 영상 시청을 보상으로 제공뇌는 '보상 시스템'이 바뀌면 행동도 바뀝니다. 중요한 것은 대안을 주고, 반복하며, 부드럽게 전환하는 것입니다.

습관이 성격이 되고, 인생이 된다

"사람은 습관의 총합이다."
— 아리스토텔레스

아이가 매일 어떤 습관을 반복하느냐에 따라, 그의 자율성, 감정 조절력, 집중력, 인내심 같은 핵심 역량의 토대가 됩니다. 뇌는 그 반복을 성격으로 인식하고, 결국 그 습관은 삶의 태도, 인생의 구조가 됩니다. 부모가 아이에게 좋은 습관을 만들어 주는 것은, 단지 생활 습관을 넘어서 아이의 미래를 준비하는 일입니다.

그것은 아이의 뇌를 길들이고, 삶의 틀을 세워주는 부모의 지혜이며 특권입니다.

뇌가 좋아하는 습관 만들기 5계명
1. 정해진 시간과 장소에서 반복하라
2. 작은 성공 경험으로 시작하라
3. 감정을 연결하라 – 기분 좋은 기억이 반복을 이끕니다
4. 눈에 보이게 기록하라 – 달력, 리스트, 보상 등
5. 부모가 먼저 실천하라 – 습관은 말보다 모델링

아이의 뇌는 습관을 만드는 환경 안에서 자랍니다.

작은 반복이 모여 습관이 되고, 그 습관이 아이의 성격을 만들며, 성격은 결국 아이의 삶을 결정짓는 틀로 자리 잡습니다. 아이의 미래를 바꾸고 싶다면, 오늘부터 '좋은 습관'을 함께 만들어 주세요. 뇌는 그것을 기다리고 있습니다.

스마트폰 시대 :
뇌를 지키는 양육

- *디지털 자극 속에서 아이의 뇌를 건강하게 키우는 법*

왜 지금, 뇌를 지켜야 하는가?

디지털 시대의 뇌 발달과 양육의 전환점

"우리 아이, 태어날 때부터 화면을 봤어요."
현대의 아이들은 태어나자마자 부모 손의 스마트폰, 유아용 영상, 장난감처럼 생긴 태블릿과 마주합니다. 이처럼 디지털 기기가 일상 깊숙이 들어와 있으며, 양육의 일부가 되어가고 있습니다.
이러한 시대, 우리는 정보보다 먼저 뇌를 생각해야 할 시점에 서 있습니다. 아이의 뇌가 형성되는 결정적 시기, 우리가 던져야 할 질문은 분명합니다.
우리는 이제 정보보다 뇌를 먼저 생각해야 할 시점에 서 있습니다. 아이의 뇌가 형성되는 결정적 시기, 우리가 던져야 할 질문은 분명합니다.

"지금, 아이의 뇌에 들어오는 자극은 어떤 것인가?"

뇌 발달의 골든타임, 디지털이 위협하다

유아기의 뇌는 완성된 상태가 아닙니다. 외부 자극에 반응하며, 신경세포 간의 연결이 빠르게 생성되고 정리되는 '가소성'이 높은 시기입니다. 이를 우리는 '뇌 발달의 골든타임'이라고 부릅니다.

하지만 이 시기의 자극은 점점 더 빠르고 강해졌습니다. 유튜브 영상, 모바일 게임, 반복적이고 즉각적인 보상이 주어지는 콘텐츠는 아이의 뇌를 수동적이고 단편적인 방식으로 학습하게 만듭니다. 그 결과, 감각은 피로해지고, 현실 세계에서 경험해야 할 상호작용은 줄어듭니다.

아이의 뇌에서 가장 중요한 부위 중 하나는 바로 전두엽입니다. 사고력, 집중력, 감정 조절, 충동 억제, 계획 수립 등 인간 고유의 기능을 담당하는 전두엽은 성인이 되어서야 완성됩니다. 그런데 문제는, 전두엽은 그냥 자라지 않는다는 것입니다.

전두엽은 사용할 때 자랍니다. 실패와 성공을 반복하는 블록 놀이, 그림책 속 질문과 상상, 친구와의 갈등 속에서 감정을 조절하는 경험—이런 '느리고 복합적인 자극'이 전두엽을 자극하고 성장시킵니다.

하지만 디지털 콘텐츠는 아이가 전두엽을 '쓰지 않아도 되는' 환경을 제공합니다. 화면 앞에선 상상도, 기다림도, 감정 조절도 필요 없습니다. 그 결과, 아이는 점점 감정에 휘둘리고, 주의가 산만해지며, 생각하는 힘을 잃게 되는 것입니다.

뇌는 사용된 방식대로 구조화된다고 신경과학자들은 말합니다.
"뇌는 사용하는 방식대로 구조화된다." 즉, 아이의 일상이 곧 아이의 뇌 구조를 결정한다는 뜻입니다. 디지털 자극이 강할수록 현실은 '지루한 것'으로 인식됩니다. 감정 조절이 어려워지고, 쉽게 화를 내며, 몰입력은 낮아집니다. 이것은 단순히 기질의 문제가 아닙니다. 뇌의 사용 방식이 그렇게 습관화된 결과입니다.

특히 뇌 발달은 '그때' 해야 합니다. 생후 3세까지 뇌의 급격한 성장이 일어나고, 6세까지 기본 구조의 90% 이상이 완성됩니다. 이 시기에 뇌는 되돌릴 수 없는 속도로 성장하며, 기회는 다시 오지 않습니다.

양육의 패러다임 전환 – 디지털 속 뇌를 지키는 법
현실적으로 스마트폰 없는 양육은 불가능에 가깝습니다. 그렇다면 핵심은 '막는 것'이 아니라 '지키는 것'입니다. 부모는 단순한 보호자가 아닙니다.

아이의 뇌가 자라나는 환경을 설계하는 **건축가**이며, 아이의 성장을 디자인하는 **교육자**입니다. 아이가 전두엽을 충분히 사용할 수 있도록 현실 세계를 매력적으로 구성하는 것, 이것이 양육의 핵심 전략입니다.

* 함께 문제를 해결하는 놀이
* 실패와 도전을 반복하는 경험
* 감정을 표현하고 조절하는 훈련
* 책을 통해 느리고 풍부한 상상의 세계로 들어가기

이런 일상의 자극들이 아이의 뇌를 건강하게 성장시키는 '영양소'입니다.

오늘날 많은 부모는 스마트폰을 '양육의 도구'로 사용합니다.

식사 준비 중, 외출 중, 피곤할 때 아이에게 스마트폰을 건네주는 일이 흔해졌습니다. 디지털 미디어가 보조 양육자가 된 셈입니다. 하지만 그 결과, 아이는 사람보다 화면과 더 많은 시간을 보내게 되고, 이로 인해 정서적 조율 능력과 사회적 기술을 배울 기회를 빼앗기게 됩니다. 디지털 미디어는 잠시 편리할 수는 있지만, 장기적으로는 아이의 뇌 발달에 부정적인 영향을 줄 수 있는 '보조 양육자'가 된 것입니다.

통계로 본 스크린 타임 - 부모가 알아야 할 현실

0~2세 유아: WHO 권장은 스크린 노출을 금지합니다. 한국은 실제 사용 시간은 일일 평균 1.5~2시간이 통계입니다. (주로 유튜브, 동요 영상, 모바일 게임 앱)

3~6세 유아기, 미국 소아학회 권장은 하루 1시간 이내이지만 실제 사용은 한국은 평균 2.7시간 미국은 평균 4시간/일 이상으로 특히 팬데믹 이후 증가되었다고 합니다.

주말에는 5시간 이상 사용하는 경우도 많이 있음. (스마트폰이 가장 많고, 태블릿과 텔레비전)

7~12세 권장 기준, 학습 외 목적의 스크린 사용은 2시간 이내로 제한 권고하지만, 실제 사용 시간은(한국 아동 패널 2023) 평일 3시간, 주말 5시간 이상(유튜브, 게임, SNS 등 다용도 사용 증가입니다. 문제는 시간 자체가 아니라, 그 시간이 아이의 뇌에 주는 질적인 자극입니다.

스크린 과다 노출은 다음과 같은 영향을 줍니다.

- 집중력 저하와 산만함
- 언어 발달 지연
- 감정 조절 능력 저하
- 현실 놀이와 사회적 상호작용 감소

아이의 뇌를 현실로 초대하라 – 스마트폰보다 재미있는 세상
아이의 뇌는 스크린보다 재미있는 현실을 만나면, 스스로 화면에서 멀어집니다. 부모는 그 현실을 만들어주는 창조자입니다.

- 자연 속에서 뛰놀며 몸으로 배우기
- 함께 웃고 이야기하는 가족 식사
- 책과 이야기를 통한 상상의 여행
- 직접 만지고 느끼고 실험하는 놀이

이 모든 것이 아이의 뇌에 생명력 있는 자극을 주는 환경입니다.

지금, 뇌를 지키는 양육이 필요합니다
우리가 지금 지켜야 할 것은 단순히 아이의 시간이나 시력이 아닙니다. 감정, 사고력, 사회성, 그리고 뇌의 균형 있는 성장입니다.

디지털은 막을 수 없습니다. 하지만 뇌를 지키는 양육은 시작할 수 있습니다. 지금, 바로 여기에서, 아이의 뇌는 부모의 품 안에서 가장 안전하게 성장합니다. 그 품이 따뜻하고 느리고 다정할수록, 아이는 건강한 뇌와 마음을 가질 수 있습니다.

부모의 뇌가
자녀의 뇌를 키웁니다

- 뇌과학으로 다시 바라보는 부모의 역할

뇌는 유전이 아니라 '경험'으로 만들어집니다

"왜 이제는 뇌과학으로 부모의 역할을 바라봐야 할까요?"
이 질문은 자녀를 기르는 부모라면 한 번쯤 깊이 고민해볼 가치가 있습니다. 한 아이의 뇌는 단지 유전적인 설계도에 의해 완성되지 않습니다.

신경과학은 말합니다.
"뇌는 경험으로 만들어진다."

아이는 약 1,000억 개의 뉴런을 갖고 태어나지만, 그 뉴런들을 연결하는 시냅스는 오직 '경험'을 통해 형성됩니다. 그리고 가장 결정적인 경험의 장은 바로 **부모와의 관계**입니다. 부모의 말투, 표정, 터치 하나하나가 아이의 시냅스를 자극하고 연결하며, 감정 조절력, 사고력, 사회성 같은 핵심 뇌 기능의 기초를 형성합니다. 부모는 단순한 양육자가 아닌 아이 뇌의 '건축가'입니다.

부모의 품 안에서 자라는 뇌

뇌는 사랑과 접촉, 그리고 안정된 관계 속에서 자랍니다. 부모가 자주 안아주고 눈을 맞춰주면, 아이의 뇌 속 옥시토신 수용체가 활성화되어 정서적 안정과 애착 형성이 촉진됩니다. 반면, 무관심하거나 과도한 통제는 코르티솔 같은 스트레스 호르몬을 증가시켜 뇌를 위협 상태로 전환 시킵니다.

즉, 아이의 뇌는 '보살핌'이라는 경험 속에서 안전하게 성장합니다.

부모의 감정 조절력 또한 결정적입니다. 아이는 부모의 감정 상태를 그대로 모방하며 뇌 회로를 구성해 갑니다. 부모가 스트레스 상황에서도 차분함을 유지할 수 있다면, 아이는 자연스럽게 자기 조절력과 공감 능력을 발달시킬 수 있습니다. 이는 전전두엽이라는 고차원 뇌 부위의 성장을 이끕니다.

"부모의 감정 조절이 곧 아이의 뇌 교육이다."

감정 교류가 뇌의 회로를 연다

정서적 상호작용은 뇌를 유능하게 만듭니다. 뇌는 공감, 예측 가능성, 안정감이 보장될 때 가장 잘 발달합니다. 부모와의 감정 교류가 풍부할수록 언어, 사회성, 학습 영역의 뇌도 함께 자극받아 활발히 성장합니다.

"아이의 뇌는 감정을 통해 배우고, 사랑을 통해 연결된다."

이 말은 단지 문학적 표현이 아니라 뇌과학의 진실입니다.

디지털 시대, 부모의 뇌 사용 습관이 더 중요해졌다
오늘날, 스마트폰과 디지털 미디어의 사용이 부모의 집중력을 분산시키고 있습니다. 부모가 아이에게 보내는 '주의'의 질이 떨어지고, 정서적 반응의 민감도 또한 낮아지고 있습니다. 이럴수록 더욱 중요한 것은 부모 스스로 주의력, 공감력, 반응성을 훈련하고 유지하는 것입니다. 부모의 뇌가 분산되면, 아이의 뇌도 산만해집니다. 집중하는 부모가 집중하는 아이를 만듭니다.

뇌과학은 '양육의 나침반'이 된다
과거에는 본능이나 전통적 방식을 따랐다면, 이제는 신경과학이라는 객관적 근거를 바탕으로 양육의 방향을 설정할 수 있습니다. 뇌과학은 '무엇이 아이에게 진짜 도움이 되는가'를 명확히 알려줍니다. 뇌를 아는 부모는 아이를 바라보는 시선이 다릅니다.
"왜 자꾸 울지?"가 아니라, "아직 감정 회로가 미성숙하구나."
"왜 말을 안 듣지?"가 아니라, "지금 뇌의 자율 조절 능력이 연결되는 중이구나."
이해가 판단을 대체하면, 부모의 마음에는 인내와 공감이 자리합니다.
감정은 지도할 대상이 아니라, 공감해야 할 신호입니다. 감정이 진정되어야 학습이 일어나고, 안정된 뇌 상태에서만 사고가 가능합니다. 훈육보다 먼저 해야 할 것은 감정 조율입니다.

뇌는 일관성과 예측 가능성을 좋아한다
일관성 있는 반응과 반복되는 일상은 아이의 뇌 회로를 정돈해 줍니다. 예측 가능한 환경은 '안전 회로'를 강화하며, 반대로 혼란스럽고 감정 기복이 큰 환경은 '불안 회로'를 강화합니다. 규칙 있는 사랑, 반복되는 안심의 메시지는 뇌의 기본 틀을 형성하는 데 결정적인 역할을 합니다.

"규칙 있는 사랑이 뇌의 기초 회로를 튼튼하게 만듭니다."

부모는 외부 조절자, 뇌 회로의 모델

부모의 뇌 상태는 자녀의 뇌에 직접적인 영향을 줍니다. 스트레스와 분노에 휩싸인 부모는 아이에게 위험한 세상이라는 메시지를 전달합니다. 반면, 차분하고 안정된 부모는 세상은 안전하고 예측 가능하다는 회로를 아이의 뇌에 새겨줍니다. 아이는 거울처럼 부모를 비춥니다. 감정 반응, 문제해결 방식, 갈등 상황에서의 태도, 공감의 언어까지 모두 복사하고 따라 하며 뇌에 각인시킵니다. 부모는 아이에게 가장 가까운 모델이자 뇌 회로의 조율자입니다.

부모의 뇌 상태부터 점검하라

아이를 바꾸려 하지 말고, 나의 뇌 상태부터 점검해야 합니다.

말투, 반응의 속도, 감정 조절 상태는 아이에게 그대로 복사됩니다. 양육의 출발점은 아이가 아니라, 나 자신입니다. 눈빛, 스킨십, 표정이 말보다 먼저 뇌를 엽니다. "진정해!"라고 말하는 대신, 진정하는 모습을 보여주는 것이 최고의 교육입니다. 모델링은 최고의 뇌 교육입니다.

"아이의 뇌는 부모의 뇌를 따라 자랍니다."
"당신의 감정 반응이, 자녀의 신경 구조를 설계합니다."
"부모의 뇌가 건강할 때, 자녀의 뇌도 건강하게 성장합니다."

뇌를 키우는 양육의 시작점은 오늘의 눈 맞춤, 오늘의 말 한마디, 오늘의 스킨십이 아이의 평생을 이끌 뇌 회로가 됩니다. 매일 반복되는 대화 속에 관계 회로, 신뢰 회로, 자기조절 회로가 형성됩니다.

부모의 뇌가 아이의 뇌를 키웁니다. 아이를 위한 최고의 교육은, 부모 스스로의 뇌를 건강하게 유지하는 것에서 시작됩니다. 내가 진정할 때, 아이는 배웁니다. 내가 사랑으로 반응할 때, 아이의 뇌는 자랍니다.

제 5 장.
유치원과 함께하는 지혜 :
교사는 두 번째 부모, 부모는 첫 번째 교사

함께 키우는 마음 :
한 아이를 키우려면 온 마을이 필요하다

"한 아이를 키우는 데 정말 온 마을이 필요한가요?"

이런 질문을 받으면 저는 주저하지 않고 대답합니다. "네, 한 아이를 온전히 키우려면 단지 부모만으로는 어렵습니다."

아이의 자람은 부모만의 몫이 아닙니다. 아이가 하루를 보내는 유치원의 교사, 함께 지내는 친구, 친구의 부모, 조부모, 이웃, 그리고 길을 걷다 마주친 낯선 어른까지도 아이의 마음에 흔적을 남깁니다. 이따금 우리가 의식하지 못하는 사이, 아이는 어른들의 말투, 표정, 관계에서 세상을 배우고 자랍니다.

아이들은 부모의 말투에서 세상의 언어를 배우고, 선생님의 눈빛에서 존중받는 존재라는 감각을 얻습니다. 친구와의 다툼에서 양보와 협상의 의미를 배웁니다. 더 나아가, 아이는 자신을 둘러싼 어른들의 관계 속에서 세상에 대한 기대감을 형성합니다. 어른들이 서로를 존중하고 배려하는 모습을 보며 세상이 따뜻한 곳임을 배우게 됩니다.

그러므로 우리는 모두 누군가의 자람에 영향을 미치는 사람입니다. 누구도 완벽한 부모일 수는 없습니다. 그러나 함께 걷는 어른들이 있다면, 아이는 삶의 험한 길을 걸으면서도 쉽게 무너지지 않는 힘을 얻게 됩니다. 아이가 넘어졌을 때, 일어나라 재촉보다 함께 손을 내미는 어른이 있다면 아이는 배웁니다. "나는 다시 일어설 수 있어." 그리고 내가 사랑받고 있다는 것을 느끼고 알게 됩니다. 손을 내미는 열 명의 어른이 필요합니다.

그중 첫 번째는 부모인 '나'입니다. 두 번째는 유치원에서 매일 아이를 만나는 선생님입니다. 그리고 남은 여덟 자리는, 아이를 바라보는 '우리 모두'가 채워야 할 자리입니다.

이 책은 자녀를 둔 부모에게 조심스럽게 이야기합니다. "당신 혼자 애쓰지 않아도 괜찮습니다."

아이를 혼자 키우는 일은 없습니다. 교사가 함께 있습니다. 조부모가 함께 있고, 친구와 공동체가 아이를 안고 있습니다. 그러니 너무 두려워하지 마십시오. 부모가 지치지 않고 오래도록 사랑할 수 있도록 함께 걷는 사람들이 있습니다.

친구 사이, 갈등이 자라는 기회입니다

"엄마, 순아가 나한테 '미워!' 했어."
"순아가 나랑 안 논데."
"친구가 내 장난감 뺏었어!"

유치원에 다니는 아이를 둔 부모라면 한 번쯤 들어봤을 이야기입니다. 그 순간 부모의 마음은 금세 무너집니다.

"우리 아이가 친구에게 상처를 받았나 봐요."
"도대체 그 친구는 왜 그랬지?"

부모는 본능적으로 아이를 보호하고 싶어 합니다. 아이가 다쳤다면 대신 아파주고 싶고, 슬퍼하면 눈물을 닦아주며 그 원인을 제거

해주고 싶지요. 그러나 바로 그 순간, 부모가 놓치기 쉬운 진실이 하나 있습니다. 바로 이 시기의 갈등은 필요한 성장의 과정이라는 사실입니다.

유아기 갈등은 사회성 발달의 교실입니다

3세에서 5세 무렵은 '사회성'이라는 인생의 중요한 기반이 형성되는 시기입니다. 공감, 양보, 협상, 감정 조절은 책에서 배울 수 있는 기술이 아닙니다. 경험을 통해 몸으로 익히고, 마음으로 체화하는 능력입니다. 아이들은 유치원에서 하루에도 몇 번씩 갈등을 겪습니다.

"너 먼저 그랬잖아!"

"너랑 안 놀아!"

"선생님, 얘가 나 때렸어요!"

이 모든 다툼은 문제 상황이 아닙니다. 오히려 '관계의 연습장'이자 '감정 표현의 실험실'입니다. 이 안에서 아이는 '내가 화났을 때 어떻게 해야 하지?', '친구가 나를 미워하면 나는 어떻게 반응할 수 있을까?'를 배웁니다.

갈등을 대하는 부모의 반응이 아이의 사회성을 결정짓습니다

부모가 아이의 갈등 이야기를 들었을 때, 어떻게 반응하느냐에 따라, 아이의 사회성은 전혀 다른 방향으로 자랍니다.

"그 친구랑 다시는 놀지 마."

"넌 왜 당하고만 있어?"

이런 반응은 아이에게 관계를 회복할 기회를 빼앗습니다. 반대로 이렇게 물어보면 어떨까요?

- "그때, 네 마음은 어땠어?"
- "친구는 왜 그렇게 말했을까?"
- "다음엔 어떻게 하면 좋을까? 우리 같이 생각해보자."

이 질문들은 아이의 전두엽을 자극하여 자기 감정인식, 타인의 감정 공감, 대안 탐색이라는 고차원적 사회적 기능을 연습하게 만듭니다. 결국, 부모의 반응 하나하나가 아이의 뇌 발달에 영향을 미치며, 더 건강한 사회성을 길러주는 자양분이 됩니다.

유치원 교사는 어떻게 갈등을 다룰까요?

유치원 교사는 아이들의 싸움에 '바로 개입하지 않는 법'을 배웁니다. 때로는 거리를 두고 관찰하고, 때로는 조심스레 질문을 던지며 아이가 스스로 감정을 조절하고 상황을 풀어나가도록 이끕니다.

- "네 마음은 어땠니?"
- "친구는 왜 그랬다고 생각해?"
- "이럴 땐 어떻게 말하면 좋을까?"

교사는 중재자가 아니라 아이의 성장 파트너입니다. 그리고 이 과정을 부모가 이해하고 신뢰할 때, 비로소 아이는 가정과 유치원이라는 두 세계 안에서 일관된 정서 지지를 경험하며 자랍니다.

갈등은 **불편하지만, 성장의 기회입니다**

갈등이 없다고 해서 아이가 잘 지내는 것은 아닙니다. 오히려 갈등을 경험하지 못한 아이는 관계 속에서 불편함을 회피하게 되고, 감정을 회복하거나 표현하는 힘을 갖지 못할 수 있습니다. 반대로, 싸우고, 울고, 때로는 화해하고 사과하는 경험을 통해 아이는 자기감정을 알아차리고 타인을 이해하는 힘을 키웁니다.

- "친구가 그래도 넌 다시 놀고 싶었구나. 그 용기가 멋지다."
- "네가 속상했구나. 다음엔 어떻게 말하면 좋을까?"
- "친구와 다툴 수는 있어. 중요한 건 그다음이야."

이런 부모의 말은 아이에게 안정감을 줍니다.
'나는 관계를 회복할 수 있는 사람이야.'
'나는 실수해도 다시 사랑받을 수 있어.'
이런 자아상은 사회성뿐 아니라, 아이의 전반적인 정서 지능(EQ)을 결정짓는 가장 중요한 기반입니다.

함께 키우는 진짜 마음

갈등을 겪지 않고 자라는 아이는 없습니다. 하지만 갈등을 마주하고, 그것을 통해 성장하는 아이는 훨씬 더 단단해집니다. 부모는 아이의 모든 문제를 해결해주지 않아도 괜찮습니다. 대신 묻고, 들어주고, 기다려주는 것. 그것이 바로 함께 키우는 진짜 마음입니다. 그리고 그 곁에 유치원 선생님이 함께하고 있습니다.

아이의 하루를 함께 살아주는 이들이 곁에 있기에, 부모는 조금 더 여유로운 마음으로 아이를 사랑할 수 있습니다. 우리 아이는 혼자가 아니며, 부모도 혼자가 아닙니다.

가정과 유치원의 언어가 통할 때 : 아이는 혼란스럽지 않다

"선생님은 혼자 해보라고 하셨는데, 엄마는 도와준다고 했잖아."
"유치원에서는 이걸 먼저 해야 하고, 집에서는 안 그래도 되는데…"
이런 말들을 아이에게서 들었을 때, 우리는 무엇을 느껴야 할까요? 아이가 말하는 것은 단지 '차이'가 아니라 '혼란'입니다. 한 공간에서는 스스로 해보라고 하는데, 또 다른 공간에서는 대신해준다고 합니다. 아이의 하루는 그렇게 상반된 기대와 다른 언어 사이에서 균형을 잡으려 애쓰고 있습니다.

가정과 유치원, 아이가 하루를 살아가는 두 공간이 같은 말을 할 수 있다면 얼마나 좋을까요. 아이의 마음은 훨씬 편안해지고, 세상은 예측이 가능할 뿐만 아니라 안정적인 곳으로 느껴질 것입니다. 부모와 교사의 언어가 일치할 때, 아이는 덜 혼란스럽고, 감정적으로도 더욱 안정감을 느끼게 됩니다.

언어의 차이가 만드는 '작은 혼란'
아이의 말투와 반응 속에는 가정과 유치원 사이의 미묘한 언어

차이가 반영되어 있습니다. 예를 들어, 가정에서는 자주 "그냥 해 줄게", "엄마가 도와줄게"라는 말이 익숙합니다. 부모의 따뜻한 배려와 사랑에서 비롯된 말이지요. 하지만 유치원에서는 "너 혼자 해 볼 수 있을까?", "기다릴게. 스스로 해보자."라는 말이 중심입니다. 아이가 능동적으로 성장하길 바라는 교사의 철학이 담겨 있습니다.

이처럼 같은 행동을 바라보는 언어가 다르다는 것은, 어른에게는 별일 아니지만, 아이는 '내가 지금 뭘 해야 하지?'라는 혼란으로 다가옵니다. 아이는 매 순간 주변의 말과 표정을 통해 자신이 무엇을 기대받는지를 해석하고 행동을 결정합니다. 그런데 기대가 다르면 판단이 어렵고, 그만큼 감정도 불안정해집니다.

특히 사회성이나 감정 표현과 관련된 말들은 아이의 정서 발달에 직접적인 영향을 줍니다. 예를 들어, 친구와 다툰 후 집에서는 "그 친구랑 놀지 마."라고 말한다면, 유치원에서는 "어떻게 말하면 좋을까?", "다음에는 어떻게 하면 좋을까?"라고 묻습니다. 전자는 분리를 조장하고, 후자는 감정 조절과 문제 해결력을 길러주는 표현입니다. 이처럼 작고 사소해 보이는 말 한마디 한마디가 아이의 사고방식, 감정 해석, 자존감 형성에까지 깊은 영향을 미칩니다.

같은 마음을 전하는 말, 가정과 유치원의 연결

아이의 하루는 가정과 유치원이라는 두 세계에서 흘러갑니다. 이 두 세계가 하나의 메시지로 연결되어 있다면, 아이의 마음은 흔들리지 않습니다. 유치원에서는 규칙을 지키고 기다리는 법을 배우고, 집에서는 감정을 존중받고 이해받습니다. 그런데 만약 이 두 공간이 정반대의 말과 태도로 아이를 대한다면, 아이는 혼란스럽고 방어적으로 반응할 수밖에 없습니다.

가정과 유치원이 아이에게 전달하는 언어가 서로 이어질 수 있도록, 부모와 교사는 함께 마음을 모아야 합니다. 표현이 똑같지 않더라도 방향성과 메시지가 같다면, 그것만으로도 아이는 큰 안정감을 느낄 수 있습니다.

이를 위해 부모는 유치원에서 자주 사용하는 말들을 관심 있게 듣고 기억하는 노력이 필요합니다. 유치원에서 아이가 어떤 말투, 어떤 언어환경에서 자라는지를 이해하는 것이 중요합니다. 예를 들어, 유치원에서 자주 쓰는 "기다릴게, 네가 해보자", "그럴 수도 있어, 괜찮아" 같은 말들은 가정에서도 이어질 수 있습니다.

이런 일관된 언어는 아이에게 '세상은 내가 예측할 수 있는 곳'이라는 믿음을 줍니다. 이 믿음이야말로 아이의 자존감과 사회성을 단단히 세우는 기초가 됩니다.

유치원 선생님과의 소통 - 일치된 언어의 시작

언어의 일치를 위한 출발점은 교사와의 서로 신뢰하는 소통입니다. 유치원 알림장을 꼼꼼히 읽고, 부모 상담 시간에 자녀가 어떤 말로 인사를 하고, 어떻게 문제 상황을 해결하는지를 물어보는 태도가 필요합니다. 교사는 아이의 발달을 위한 전문적 관점과 애정이 담겨 있습니다.

가정에서도 유치원에서 쓰는 표현을 적용해 보려는 노력, 이 작은 시도가 교사-부모-아이 사이에 언어적 일관성을 형성하게 합니다. 이는 단지 말의 통일이 아니라, 아이의 감정 안전지대를 넓히는 일입니다.

아이의 뇌는 특히 전두엽을 중심으로, 예측할 수 있고 일관된 환경 속에서 잘 발달합니다. 전두엽은 감정 조절, 판단력, 자기통

체력을 담당하는 부위입니다. 이런 기능들이 안정적으로 자라기 위해서는 반복적이고 일관된 경험이 필요합니다.

즉, '이 상황에서는 이렇게 행동하면 돼'라는 경험이 쌓이면 쌓일수록 아이의 뇌는 더 빠르게, 더 효과적으로 반응합니다. 가정과 유치원의 규칙과 표현이 비슷할수록, 뇌는 혼란을 줄이고 안정감을 느끼며 성장합니다. 이것이 바로 언어 일치가 아이의 신경발달에 실질적으로 도움이 되는 이유입니다.

완벽한 언어 통일이 아닌, 같은 방향을 바라보는 노력
그렇다고 모든 부모가 유치원 교사처럼 말할 수는 없습니다. 집에서의 말투에는 부모의 성격과 문화, 가족의 정서가 담겨 있기 때문입니다. 중요한 것은 완벽한 일치가 아니라, '같은 방향을 바라보는 마음'입니다.

오늘 아이에게 어떤 말을 건네시겠습니까?
"그 친구랑 놀지 마."보다는 "기분이 상했구나, 어떻게 말하면 좋을까?"
"엄마가 해줄게."보다는 "기다릴게, 네가 해보자."
"정말 잘했어!"보다는 "끝까지 포기하지 않은 게 멋졌어."
이런 말 한마디 한마디가 아이에게 '우리는 같은 팀이야'라는 메시지를 전해줍니다.

칭찬보다 지지, 비교 보다 기다림 – 아이의 속도에 맞춰 함께 걷기
우리는 종종 자녀가 무언가를 해냈을 때 "우와, 너 최고야!", "정말 잘했어!"라는 말을 자연스럽게 건넵니다. 물론 사랑과 기쁨의 표현입니다. 하지만 때로는 이런 칭찬이 아이의 마음에 잘해야 사랑받는다는 조건처럼 남기도 합니다.

또 어떤 날은 비교를 통해 자극을 주려 합니다. "동생은 더 빨리 했는데?", "같은 반 친구들은 벌써 다 한대." 그러나 이런 말은 아이에게 나는 아직 부족하다는 인식을 심어줄 수 있습니다.

모든 아이는 꽃과 같습니다. 모두 같은 날, 같은 시간에 피지는 않습니다. 각각의 아이는 저마다의 계절과 속도로 자라납니다. 그래서 우리는 칭찬보다 지지, 비교 보다 기다림을 선택해야 합니다.

지지는 결과가 아니라 과정에 주목하는 말입니다. "실패했지만 다시 도전한 용기가 멋졌어." "열심히 하려는 마음이 느껴졌어."

이런 말은 아이에게 '넌 지금 있는 그대로 소중한 존재'라는 메시지를 줍니다. 기다림은 아이의 속도를 존중하는 태도입니다. 말이 늦고, 숫자를 어려워해도, 친구와 잘 못 어울려도, 그것은 발달의 다양성이지 결함이 아닙니다. 아이는 '기다려주는 사랑' 속에서 자신감을 키우고, 남과의 비교 대신 자기만의 길을 걸을 수 있는, 힘을 기르게 됩니다.

같은 말, 같은 마음 – 함께 키우는 지혜

결국, 아이는 말보다 마음을 듣습니다. 그리고 그 마음이 일관되고 신뢰로 연결될 때, 아이는 자신의 세계를 안정적으로 세워갑니다. 부모와 교사가 서로 다른 공간에서 같은 마음과 언어로 아이를 만날 때, 아이는 혼란이 아닌 조화를 경험합니다. 아이의 하루는 그렇게 연결되고, 삶은 예측 가능하고 따뜻한 세계로 확장됩니다.

오늘, 부모님과 선생님이 함께 아이의 마음에 다리를 놓는 언어를 선택해 보십시오. 그 다리가 튼튼할수록 아이는 두 세계 사이에서 흔들림 없이 설 수 있습니다.

기본 생활습관 만들기 :
건강한 생활의 기초

생활 습관은 평생의 기초 체력
"아이에게 좋은 습관을 길러주는 일은 평생을 위한 선물입니다."
  기본 생활 습관은 단지 유아기에 필요한 훈련만이 아닙니다. 이는 자율성과 사회성을 길러주는 중요한 기초이며, 규칙적인 식사, 충분한 수면, 스스로 옷을 입는 능력, 정리정돈, 인사 예절 등은 아이의 하루를 구조화시키고, 안정된 자아 형성에 깊은 영향을 줍니다.
  유치원에서는 이러한 습관을 일상 루틴 속에서 자연스럽게 체득하도록 돕습니다. 예를 들어 "정리 노래"가 나오면 장난감을 치우고, "인사 송"이 울리면 선생님과 친구들에게 인사하는 식입니다. 아이는 일상의 리듬 안에서 규칙과 예절을 몸으로 배우며 점차 자신의 생활을 스스로 관리하는 힘을 키워갑니다.
  가정에서도 이와 같은 생활 습관을 지지해줄 때, 아이는 혼란 없이 가정과 유치원을 하나의 일관된 삶의 공간으로 인식하고, 자기 주도적 생활 태도를 자연스럽게 익힐 수 있습니다.
  기본 습관은 '반복'과 '일관성'에서 시작됩니다. "한번 말했는데 왜 못할까?"가 아니라, "지금은 배우고 있는 중"이라는 시선으로 함께해주는 자세가 중요합니다.

유치원과 가정이 손잡고 만드는 일상 루틴

생활 습관은 유치원과 가정이 함께 만드는 일상의 틀입니다.

예를 들어 유치원에서는 오전 9시까지 등원, 정해진 시간에 간식과 점심, 오후 자유 놀이와 정리 시간이라는 하루의 흐름이 존재합니다. 이 루틴은 아이가 시간 개념을 익히고, 예측 가능한 생활 속에서 안정감을 느끼게 합니다.

가정에서도 기상 시간, 식사 시간, 놀이와 정리, 취침 시간이 일정하게 반복되도록 도와준다면, 유치원과 가정이 일관된 생활환경을 제공하게 됩니다. 아이에게는 이 반복이 '신뢰'로 느껴지고, 자기 주도성이 생겨납니다.

예를 들어 유치원에서는 "우리는 함께 생활계획표를 지켜요!" 같은 활동을 통해 아이가 자신의 하루를 인식하도록 돕고, 가정에서도 "이제는 정리할 시간이야, 유치원에서도 그렇게 했지?"처럼 유치원에서의 습관을 이어주는 말을 건넬 수 있습니다.

놀이처럼 배우는 생활 습관, 강요가 아닌 참여로

아이에게 생활 습관을 길러주는 가장 효과적인 방법은 놀이처럼 접근하는 것입니다.

예를 들어 손 씻기를 단순 지시가 아닌 "세균 친구를 물리쳐볼까?"라는 스토리텔링을 접목하거나, 정리정돈을 '정리왕 선발 대회'처럼 게임화하면 아이는 부담 없이 즐겁게 참여할 수 있습니다.

유치원에서는 그림책, 역할놀이, 노래, 율동 등 다양한 활동을 통해 생활 습관을 경험하게 하고, 아이 스스로 그 행동의 의미와 필요성을 느낄 수 있도록 돕습니다.

가정에서도 타이머를 활용한 '3분 양치 미션', '패션쇼 놀이'로 옷 입기, 인형에게 정리 시범 보이기 등 놀이적인 방식이 효과적입니다. 중요한 것은 '훈육'이 아니라 '참여'입니다. 억지로 시키기보다는 재미와 의미를 함께 전달할 수 있을 때, 습관은 즐거운 경험으로 자리 잡습니다.

아이의 속도에 맞춰주는 기다림의 지혜

모든 아이가 같은 속도로 생활 습관을 익히는 것은 아닙니다. 어떤 아이는 하루 만에 숟가락을 능숙하게 쥐고, 어떤 아이는 몇 달이 지나도 신발 신기가 어렵습니다. 이럴 때 중요한 것은 비교가 아닌 기다림, 지시가 아닌 격려입니다.

유치원에서는 아이의 개별적인 발달 속도를 인정하고, 작은 진전에도 아낌없는 칭찬을 건넵니다. 예를 들어, "처음으로 혼자 신발을 신었구나! 많이 컸네!"와 같은 선생님의 말 한마디는 아이에게 큰 동기를 줍니다.

가정에서도 "왜 아직도 못하니?"보다는 "이전보다 훨씬 나아졌네! 조금만 더 해보자!"처럼 변화와 성장을 발견하고 칭찬하는 말이 아이의 자존감을 키웁니다. 아이는 사랑받는 안정감 속에서 더욱 스스로 해보려는 의지를 갖게 됩니다.

생활 습관 형성은 누가 먼저 잘하느냐의 경쟁이 아닌 성장의 과정입니다. 그 속도를 인정해주고 기다려줄 때, 아이는 자립의 문을 스스로 열 수 있습니다.

함께 기뻐하며 키우는 자립심과 자존감

생활 습관을 스스로 해낸 아이의 얼굴엔 뿌듯함이 가득합니다. "혼자서 신발을 신었어요."

"야채 반찬도 골고루 먹었어요."
"친구와 차례를 기다렸어요."

이런 작고 소박한 행동 하나하나가 쌓이면 아이는 "나는 할 수 있어!"라는 내적 확신, 즉 자기 효능감을 느끼게 됩니다. 이는 곧 자존감의 튼튼한 뿌리가 됩니다.

유치원에서는 아이의 작은 시도 들을 소중히 여기며 기록하고, 부모와 공유하며 가정에서도 함께 기뻐할 수 있도록 합니다. 부모는 "오늘 가장 기뻤던 일은 뭐였어?", "평소엔 안 먹던 반찬도 먹었구나!"와 같이 일상의 변화를 놓치지 않고 함께 나눌 수 있습니다.

생활 습관은 누군가 대신해주는 것이 아니라, 함께 만들어가는 '삶의 기술'입니다. 그 기술을 배우는 과정에서 아이는 사랑받고 있다는 경험을 하고, 이는 어떤 훈육보다도 강력한 교육이 됩니다. 함께하는 생활 습관 만들기, 그 속에는 아이의 미래가 자라고 있습니다.

정서 발달과 자기 조절력, 습관 속에서 자라나는 마음의 힘

생활 습관 형성은 단지 행동 지도의 차원을 넘어서, 정서 발달과 깊이 연결되어 있습니다. 규칙적인 생활은 예측 가능한 환경을 만들어 아이에게 안정감을 주고, 그 안에서 아이는 자연스럽게 자기 조절력을 배워갑니다.

놀고 싶지만, 정리 시간이 되어 스스로 멈추는 힘, 좋아하지 않는 반찬을 조금씩 먹어보려는 노력, 졸리지만 유치원에 가기 위해 눈을 뜨는 모습은 모두 감정을 조절하려는 내적 힘의 표현입니다. 이 경험은 아이에게 "나는 내 행동을 선택할 수 있어"라는 자기 통제감과 주도적인 태도를 기르도록 도와줍니다.

유치원에서는 "속상했구나, 그럴 땐 어떻게 하면 좋을까?"처럼 감정을 언어화하고 해결책을 함께 찾는 감정코칭을 실천합니다. 가정에서도 "지금 기분이 어때?" "다시 한번 해볼까?" 이러한 말은 아이의 정서와 행동을 연결해주며 자기조절 발달에 큰 힘이 됩니다.

정서 조절력은 관계 속에서 자랍니다. 친구와의 갈등을 통해 협력과 양보, 인내를 경험하는 가운데 공감력과 사회성이 함께 자라납니다. 결국, 기본 생활 습관을 잘 갖추는 것은 단지 '잘 씻고, 잘 자고, 잘 먹는 것'을 넘어서, 아이가 자신의 감정과 몸을 이해하고 다스리는 능력을 키우는 일입니다.

함께 키우는 삶의 태도, 미래로 자라는 습관

정서 발달과 자기 조절력은 하루아침에 길러지는 것이 아닙니다. 반복되는 일상 속에서 부모와 교사가 함께 지지하고 기다릴 때, 아이의 마음은 조금씩 단단해지고, 행동은 자율로 바뀌어 갑니다.

기본 생활 습관이라는 작은 씨앗은 아이의 몸에 자리 잡고, 정서조절이라는 뿌리를 내리고, 자기 조절력이라는 열매로 맺혀 평생을 살아가는 삶의 태도로 이어집니다.

"아이의 습관 속에는 마음이 자라고,
마음이 자라난 자리엔 미래가 피어납니다."

그 작은 실천 하나하나를 함께 해주는 어른의 손길이 있기에, 아이는 자립과 성숙이라는 아름다운 열매를 맺게 됩니다. 이 여정에 함께하는 부모와 교사야말로 아이의 삶에 가장 따뜻하고 든든한 동반자입니다.

긍정적인 지지와 격려 : 함께 하기

- 따뜻한 말 한마디가 아이를 자라게 합니다

긍정적인 피드백이 왜 중요한가요?

유아기는 자아가 형성되는 매우 중요한 시기입니다. 이 시기의 아이들은 아직 자신을 객관적으로 평가하거나 판단할 능력이 부족합니다. 그래서 자신에 대한 인식은 대부분 어른의 말과 태도를 통해 만들어집니다. 긍정적인 피드백은 아이에게 "나는 이런 것을 잘해", "나는 소중한 존재야"라는 정체성과 자신감을 형성하는 데 결정적인 역할을 합니다.

"내가 잘하고 있구나."
"선생님도, 엄마도 나를 인정해주시는구나."

이처럼 아이는 어른의 따뜻한 말 한마디에서 자신에 대한 긍정적인 믿음을 얻게 됩니다. 말은 곧 거울입니다. 부모와 교사의 언어는 아이의 마음에 심어지고, 그것은 곧 아이의 자존감이 되어 자리 잡습니다.

긍정적인 피드백은 단순히 결과를 칭찬하는 것을 넘어, 아이의 시도와 노력, 감정과 태도를 있는 그대로 바라보며 존중해주는 말과 태도입니다.

"정말 멋지게 만들었네!"보다는
"끝까지 집중해서 만든 모습이 참 인상적이야!"
결과보다 과정을 인정해주는 피드백이야말로 아이의 내면을 성장시키는 힘입니다.

아이의 마음을 키우는 언어 – 관심과 경청

때때로 우리는 많은 말을 하지 않아도, 눈빛과 태도만으로도 격려를 전할 수 있습니다. 아이가 말을 할 때 눈을 맞추고 고개를 끄덕이며 진심으로 들어주는 것, 그것이야말로 강력한 격려입니다. 아이들은 자신에게 집중해주는 어른의 모습을 통해 "나는 중요한 존재"라는 신호를 받습니다.

유치원에서는 활동 중 아이가 자기의 생각을 말할 수 있는 시간을 의도적으로 만들어주고, 가정에서는 "오늘은 어땠어?", "가장 재미있었던 활동은 뭐였을까?"와 같은 질문을 자주 건네보세요. 질문을 통해 아이의 마음을 열고, 그 이야기를 함께 나누는 일상 속 시간이 곧 아이를 자라게 합니다.

아이의 성장은 "잘했어"라는 한마디에서 시작됩니다. 부모와 교사가 서로 격려의 언어를 공유하고, 일관되게 실천할 때 아이는 "나는 사랑받고 있어"라는 깊은 확신과 함께 세상을 향해 나아갑니다.

부모와 유치원이 함께 실천하는 협력의 자세

1. 피드백을 공유하세요

유치원에서는 알림장이나 상담 시간 등을 통해 아이의 행동을 구체적으로 전달하고, 가정에서는 이 피드백을 자연스럽게 이어갑니다. 예를 들어, 유치원에서 "오늘 ○○는 친구에게 먼저 다가가 인사를 나눴습니다."라는 메시지를 받았다면, 가정에서는 "친구에게 먼저 인사를 해서 엄마는 참 기뻐. 넌 용기 있고 따뜻한 아이야."라고 반응해 주세요. 이처럼 유아를 둘러싼 어른들이 같은 맥락의 언어를 사용하면 아이는 더욱 강한 정체성과 안정감을 형성하게 됩니다.

2. 긍정 언어의 일관성

부모와 교사가 같은 방향의 언어를 사용할 때, 아이는 혼란 없이 세상을 바라볼 수 있습니다. 유치원에서 "끝까지 해냈구나. 정말 대단하다."라는 말을 자주 들었다면, 가정에서도 이 표현을 활용해보세요. 이러한 언어적 일관성은 아이에게 확신을 심어주고, 기대하는 행동을 더욱 강화됩니다.

3. 작은 성장을 함께 발견하세요

아이의 변화는 갑작스럽게 나타나지 않습니다. 오히려 예전보다 조금 더 오래 집중한 모습, 친구의 말을 기다려준 행동, 실수한 후 "미안해"라고 말한 용기처럼 눈에 잘 띄지 않는 작고 섬세한 변화 속에서 성숙이 자랍니다. 그 작은 변화를 부모와 교사가 함께 발견하고, 지지와 인정으로 함께 할 때 아이는 자기 안의 가능성과 성장을 믿게 됩니다.

4. 격려는 '조건 없는 수용'에서 시작됩니다

진짜 격려는 아이가 잘했을 때보다, 오히려 실수하거나 주춤할 때 더욱 빛을 발합니다.

"괜찮아. 다시 해보자."

이 말은 아이에게 다시 일어설 용기를 줍니다.

"너는 있는 그대로 참 소중한 아이야."

이런 조건 없는 수용의 메시지는 아이의 내면에 깊은 안정감을 심어줍니다. 가정과 유치원이 함께 이 따뜻한 언어를 변함없이 전할 때, 아이는 실수를 두려워하지 않고 도전하며 자신감과 함께 자존감이 자랍니다.

긍정적인 피드백과 격려는 왜 중요한가요?

유아기는 타인의 반응을 통해 자기를 인식하는 시기입니다. 이때 부모와 교사가 전하는 따뜻한 피드백과 격려는 단순한 말 이상의 의미를 지닙니다. 그것은 아이의 존재를 인정하고 가능성을 믿어주는 태도이며, 아이의 자율성과 내적 동기를 키우는 양육의 본질입니다.

자존감 형성: "나는 괜찮은 사람이야." 이 믿음은 반복적인 긍정 피드백을 통해 형성됩니다.

정서적 안정: 실수하거나 실패해도 괜찮다는 어른의 반응은 아이의 감정을 안정시킵니다.

내면의 동기 강화: 외적인 보상 없이도 계속해보려는 힘은 격려에서 나옵니다.

신뢰와 관계의 성장: 격려는 아이의 마음에 신뢰를 심고, 관계의 깊이를 더합니다.

실천을 위한 부모와 교사의 구체적인 팁
결과보다 과정을 칭찬하세요
"시험 잘 봤어?" 보다 "최선을 다했구나. 너의 노력이 느껴져."

아이의 감정을 공감해 주세요
"왜 울어?" 대신 "속상했구나, 마음이 힘들겠다."

노력과 태도를 격려하세요
"멋지게 만들었다." 보다 "처음부터 끝까지 집중해서 해낸 너의 태도가 정말 멋져."

눈을 맞추고 이야기하세요
말보다 더 강력한 격려는 집중하는 태도입니다.

격려는 아이의 평생을 지탱해 주는 힘
우리는 모두 누군가의 따뜻한 말 한마디에 의해 자라왔습니다.
"잘했어."
"너라면 할 수 있어."

이 단순하지만 진심이 담긴 말들은, 지금의 우리를 만들었습니다. 아이들도 같은 경험이 필요합니다. 긍정적인 피드백과 격려는 교육 기술이 아니라, 아이를 향한 존중과 신뢰의 표현입니다. 아이의 가능성을 믿고 응원할 때, 아이는 자기 삶의 주인으로 당당히 서게 됩니다.

아이의 마음 밭에 매일 한 줌의 '긍정 언어'를 뿌려주세요. 그 말은 뿌리가 되어 아이 안에 자라나고, 어느 날 단단한 나무가 되어, 아이만의 삶을 창조합니다. 그 나무는 흔들림 없이 서서, 세상을 향해 따뜻하게 말할 수 있는 뿌리 깊은 존재로 자랄 것입니다.

문해력과 언어 발달 :
생활 속에서 함께 하기

― 유치원과 가정이 함께 여는 언어의 문

"우리 아이가 말을 더 잘했으면 좋겠어요."
"책을 좋아했으면 해요."
"자신의 생각을 말로 잘 표현했으면 해요."

이러한 부모님의 바람은 유치원 현장에서 자주 들리는 이야기입니다. 그러나 이 소망을 실현하기 위해서는, 단순히 '글자를 읽고 쓰는 능력'을 키우는 데 머물러서는 안 됩니다. 유아기의 문해력은 그보다 훨씬 더 넓은 의미를 담고 있습니다. 문해력이란 듣고, 말하고, 생각하고, 표현하는 전반적인 힘이며, 아이가 세상을 이해하고 자신의 세계를 말로 펼치는 데 꼭 필요한 기반입니다.

그렇다면 유치원과 가정은 어떻게 손잡고 아이의 문해력을 길러줄 수 있을까요? 아이의 말하는 힘, 듣는 힘, 읽고 쓰는 힘은 어디에서 자라나는지, 그리고 그 힘을 어떻게 함께 키워나갈 수 있을지 함께 살펴보겠습니다.

문해력의 뿌리는 '생활'에 있습니다

문해력은 특별한 교육 시간이나 학습지 속에서만 자라나는 것이 아닙니다. 오히려 아이가 살아가는 일상 속에서, 즉 놀이, 생활 습관, 관계, 감정 표현, 부모와의 대화 같은 자연스러운 흐름 안에서 가장 튼튼하게 자라납니다.

아이들은 "정리하자", "양치하자", "친구랑 나눠 쓰자"와 같은 반복적인 생활 언어를 들으며 그 의미를 자연스럽게 익혀갑니다. 그리고 그 말을 이해하고 상황에 따라 적절히 사용할 수 있게 됩니다.

예를 들어,

"점심 먹고 나면 뭐 하지?"라는 질문은 사건의 순서를 사고하는 힘을 키우고,

"왜 그렇게 했는지 말해줄래?"라는 질문은 이유를 설명하는 논리적인 언어 능력을 길러줍니다.

이처럼 문해력은 책상 앞에서만 배우는 것이 아니라, '살아 있는 언어' 속에서, 실제 삶 속에서 배우게 됩니다. 아이가 하루하루 부딪히는 장면마다 문해력은 스며들고 자랍니다.

유치원은 아이에게 있어 가장 풍성한 언어 자극의 공간입니다. 선생님은 하루 긴 시간을 아이와 말을 주고받으며, 놀이를 안내하고, 그림책을 읽어주고, 감정을 나누고, 상황을 함께 해결하는 과정을 통해 언어를 모델링 합니다.

"이건 어떤 느낌이 들까?"
"무슨 일이 있었는지 이야기해줄래?"
"다른 방법은 뭐가 있을까?"

이러한 질문은 단순한 정보 전달을 넘어서, 아이의 사고를 확장하고 감정을 표현하도록 돕는 역할을 합니다. 이는 언어가 사고의 도구이자 정서의 다리라는 것을 보여주는 좋은 예입니다.

또한, 원에서는 친구와의 갈등이나 협력의 순간이 자주 발생합니다. 이때 아이들은 자신의 감정을 말로 설명하고, 상대방의 이야기를 듣고, 대화를 통해 문제를 해결하는 '사회적 언어'를 익히게 됩니다. 이는 앞으로의 삶에서 필수적인 소통 능력으로 이어집니다.

그림책은 언어의 다리를 놓아줍니다
유치원과 가정에서 가장 효과적이고 공통적인 문해력 도구는 바로 그림책입니다. 그림책은 단순한 읽기 자료를 넘어, 이야기 구조, 감정의 흐름, 언어 표현의 다양성, 사고의 깊이를 함께 담고 있습니다.

특히 유아기에는 생활 습관, 감정 표현, 친구 관계, 갈등 해결 등을 주제로 한 그림책이 매우 유익합니다. 아이들은 책 속 인물에 감정을 이입하거나, 주인공의 상황을 통해 대리 경험을 하며 언어와 감정, 사고를 함께 익혀갑니다.

예를 들면 다음과 같습니다:
- 《난 화가 나!》를 읽고 감정을 말로 표현하는 연습을 해봅니다.
- 《우리는 친구》를 읽고 친구 사이의 갈등 해결 방법을 이야기합니다.
- 《지켜야 할 약속》을 읽고 규칙과 자제에 대해 생각해봅니다.

유치원에서는 이러한 책들을 읽고 난 후, 그림 그리기, 역할극,

말로 다시 이야기하기 등의 독후 활동을 통해 언어 표현을 확장시킵니다. 가정에서도 "너라면 어떻게 했을까?", "다음에는 어떤 일이 생길까?"와 같이 질문하며 생각을 언어로 풀어보도록 돕는다면, 그림책 한 권이 아이의 언어 세계를 열어주는 열쇠가 됩니다.

가정에서 실천할 수 있는 언어 자극 환경
유치원에서의 언어 자극이 더욱 효과를 발휘하려면, 가정에서의 연계가 필요합니다. 부모의 언어 사용 습관, 대화의 빈도와 질, 책을 읽어주는 방식이 바로 아이의 언어 환경을 결정짓는 핵심 요소입니다.
다음은 가정에서 실천할 수 있는 몇 가지 방법입니다.

일상생활 대화에 '설명'을 담기
"이제 밥 먹자"보다는
→ "밥을 먹어야 힘도 나고 키가 크지"
"빨리 옷 입어"보다는
→ "지금 옷을 입으면 몸을 따뜻하게 보호하고, 감기에 걸리지 않아"
이처럼 이유와 설명이 담긴 말은 아이의 이해력과 어휘력을 동시에 자극합니다.

감정 언어 자주 사용하기
"속상했니?", "기뻤겠다!", "지금 긴장되니?"
감정에 이름을 붙여주는 말은 아이가 자신의 감정을 인식하고 타인의 감정을 공감할 수 있도록 돕습니다. 이는 곧 정서 문해력의 바탕이 됩니다.

책 읽고 대화 나누기

단순히 책을 읽는 데서 그치지 말고, 아이의 생각과 감정을 끌어내는 대화를 시도해 보세요.

"이 장면에서 어떤 생각이 들었어?"
"우리도 저렇게 해볼까?"
"넌 주인공이라면 어떻게 했을까?"

이러한 대화는 책과 현실을 연결해 주며, 언어를 통한 사고력과 표현력을 함께 키워줍니다.

문해력은 '삶을 해석하고 표현하는 힘'입니다

문해력은 단지 글을 읽고 쓰는 기술이 아닙니다. 그것은 자신의 삶을 언어로 이해하고 해석하며, 타인과 관계를 맺고 감정을 표현하는 능력입니다. 유치원에서 친구와의 갈등을 말로 풀어내고, 놀이 규칙을 설명하며, 감정을 이야기하는 모든 순간은 문해력을 키우는 소중한 기회가 됩니다.

이러한 문해력은 초등학교에 들어가면서 읽기, 쓰기, 말하기, 듣기뿐 아니라 전반적인 학습의 기반이 되며, 더 나아가 내 생각을 표현하고 다른 사람의 이야기를 이해하는 능력으로 확장됩니다.

유치원과 가정에서 주고받는 한 마디 한 마디는, 아이의 마음과 생각에서 자라나 인생을 이끄는 커다란 나무가 됩니다.

유치원과 가정이 함께 여는 언어의 문

아이의 문해력은 교육기관의 힘만으로는 완성되지 않습니다. 가정에서 생활 속 언어를 풍성하게 경험하고, 유치원에서 공동체 속 언어를 살아 있는 말로 배우며 자랄 때, 비로소 아이는 자신만의 목소리로 세상을 말하고, 읽고, 표현할 수 있는 사람으로 자랍니다.
"말은 곧 마음이다."
아이의 언어는 그의 생각이며, 감정이며, 세상을 향한 창입니다. 유치원과 가정이 손잡고, 생활 속 언어를 사랑으로 가꿔줄 때 우리 아이의 문해력은 단지 학교 공부의 도구를 넘어 삶을 살아가는 지혜의 뿌리가 됩니다.

창의성과 표현력 :
가정과 유치원이 함께하는 지혜

"창의적인 아이는 자유롭게 표현할 수 있는 환경 속에서 자란다."

"우리 아이가 더 창의적이었으면 좋겠어요."
"생각을 말로 잘 표현하지 못해서 걱정이에요."
"그림을 그리거나 이야기 짓기를 좋아하는데, 어떻게 도와줘야 할지 모르겠어요."

부모님들은 자녀의 창의성과 표현력에 관심을 보여야 합니다. 특히 유아기는 표현력과 창의성이 폭발적으로 자라는 시기로, 이 시기의 경험은 평생 아이의 생각하는 방식과 자신을 드러내는 태도에 영향을 미칩니다.

그렇다면 유치원에서는 어떤 방식으로 창의성과 표현력을 길러줄 수 있을까요? 가정에서는 어떻게 그 배움을 확장해줄 수 있을까요?

창의성과 표현력의 의미를 다시 살펴보고, 유치원과 가정이 함께 아이의 내면세계를 풍요롭게 키워주는 지혜를 나누고자 합니다.

창의성은 정답이 없는 세계에 대한 자신감입니다

창의성은 단지 그림을 잘 그리고 이야기를 잘 짓는 능력이 아닙니다. 창의성은 세상을 새롭게 바라보는 시각, 문제를 해결하려는 태도, 틀에 얽매이지 않고 자신만의 방식으로 표현하는 능력입니다.

"이건 뭐야?" "왜 그래?" "이렇게 하면 안 돼요?"

아이들이 던지는 수많은 질문은 모두 창의성의 씨앗입니다.

창의성은 질문에서 출발하고, 표현을 통해 성장합니다. 아이가 자기 생각을 마음껏 말하고, 실수해도 괜찮은 환경 속에서 창의성은 자연스럽게 자랍니다.

창의성은 지능이나 재능보다 '태도'에 더 가깝습니다. 스스로 생각하고 도전해보는 경험이 반복될 때, 아이는 창의적인 사람으로 자라납니다.

유치원에서 자라는 창의성과 표현력

유치원 교육은 '놀이 중심'이라는 큰 원칙과 함께 진행됩니다. 놀이 안에는 창의성의 모든 요소가 담겨 있습니다.

역할놀이, 미술 활동, 이야기 만들기, 노래와 율동, 자연 관찰, 조형 활동 등은 모두 아이가 자기 생각과 감정을 자유롭게 표현할 수 있는 기회를 제공합니다.

예를 들어, 그림을 그릴 때 교사가 "해는 노란색으로 칠해야 해요"라고 지시하는 것이 아니라 "해를 너는 어떻게 표현하고 싶니?"라고 묻는다면, 아이는 스스로 상상하고 판단하는 힘을 갖게 됩니다.

또한, 자유선택활동 시간에 아이들이 블록으로 집을 짓거나, 친구들과 동화 이야기를 변형해서 연극을 만들 때, 창의성과 협업 능력이 함께 자랍니다.

표현력 또한 언어, 비언어적 방법을 통해 다양하게 길러집니다.

아이들은 그림, 몸짓, 말, 이야기 짓기, 노래 부르기 등을 통해 내 생각과 감정을 나타냅니다. 교사가 그 표현을 진심으로 지지해 주고 격려할 때, 아이들은 자신감과 함께 나만의 독창적인 표현으로 창의성의 씨앗이 됩니다.

유치원에서의 창의적인 활동이 가정에서 이어질 수 있다면, 아이의 내면은 훨씬 풍요로워질 수 있습니다. 가정에서 할 수 있는 표현력 향상 방법은 어렵지 않습니다. 가장 좋은 방법은 아이의 말에 귀 기울이는 것입니다.

"이건 무슨 생각이니?"
"와, 그렇게 생각했구나!"
"더 이야기해줄 수 있어?"

이런 반응은 아이의 생각을 말로 풀어낼 수 있는 기회를 열어줍니다. 아이들은 말을 잘하기 위해 생각해야 합니다. 그 생각과 표현은 부모의 관심과 반응 안에서 가능해집니다.

또한, 미술 활동이나 만들기 활동을 자유롭게 할 수 있는 공간과 시간을 마련해 주세요. 결과물이 완성도가 높지 않아도 지지와 긍정적인 피드백 중요합니다. 평가받는 것이 아니라, 존중받는 경험이어야 합니다. 가정에서는 다음과 같은 활동을 통해 유치원에서의 배움을 확장할 수 있습니다.

- 그림책을 읽은 후 이야기 만들어 보기
- 오늘 있었던 일을 그림으로 표현하기

- 냉장고 자석으로 단어 놀이하기
- 가족 이야기 만들기
- 가족에게 그림 편지 써주기(엄마, 아빠, 동생 등) 그림으로 그리고 말로 설명해 주기
- 노래에 맞춰 율동 만들기

이러한 활동은 아이가 자신만의 언어와 상상을 실현해보는 경험이 되며, 그 과정에서 부모와 정서적 유대도 깊어집니다.

부모의 말 한마디가 창의성의 문을 열어줍니다
부모의 말과 태도는 아이의 창의성과 표현력을 키우는 가장 강력한 자극입니다.

"왜 그렇게 해?"라는 말 대신
"와! 그렇게도 생각할 수 있구나!"
"정말 기발하고 재미있는 생각이네!"

이런 말 한마디가 아이의 내면에 '내 생각은 소중하다'는 메시지를 줍니다.
반면, "그렇게 하면 안 돼", "틀렸어", "그건 이상해"와 같은 말은 표현의 문을 닫게 만들 수 있습니다.
아이의 창의성은 격려와 신뢰 속에서 꽃피웁니다. 아이가 다르게 표현하고 새로운 방식으로 시도할 때, 부모가 열린 태도로 반응하면, 아이는 자기만의 생각을 더 자신 있게 펼칠 수 있게 됩니다.

창의성과 표현력은 단기간에 길러지는 능력이 아닙니다. 그것은

일상 속에서 반복적으로 경험되고, 존중받는 관계 안에서 천천히 자라납니다. 따라서 유치원과 가정이 같은 방향으로 아이의 창의적인 표현을 응원한다면, 그 영향력은 배가될 수 있습니다.

- 오늘 했던 창의적 놀이 활동 공유
- 표현을 격려하는 말 사용 예시 제공
- 가정 연계 활동지 배부 (예: 감정 표현 그림일기, 상상 동화 완성하기 등)

반대로 부모는 유치원에 아이의 독특한 관심사나 표현 방식을 공유할 수 있습니다.

- "우리 아이는 곤충에 관심이 많아요. 유치원에서도 그런 활동을 좋아할 것 같아요."
- "요즘 집에서 이야기를 자주 지어요. 그런 활동이 가능할까요?"

이런 소통은 아이의 표현이 유치원과 가정에서 하나의 연결된 흐름으로 이어지도록 도와줍니다.

표현이 자유로운 아이, 미래를 스스로 여는 아이

자기 생각을 자신 있게 표현하고, 다르게 바라보며, 새로운 것을 만들어내는 힘은 미래 사회에서 꼭 필요한 능력입니다. 기술과 정보는 AI가 대신할 수 있지만, '새롭게 생각하고 말하고 표현하는 힘'은 사람만이 할 수 있습니다.

유아기는 그 힘을 키우는 결정적 시기입니다.

그리고 그 힘은 놀이 안에서, 그림 속에서, 이야기 안에서 자랍니다. 무엇보다 부모와 교사의 따뜻한 눈빛과 관심을 보이고 들어주는 태도 속에서 더욱, 재미있어하고 자신감을 키웁니다. 아이에게 창의적인 사람이 되라고 말하기 전에, 아이의 표현을 지지하고, 존중해주면 아이는 자신감과 함께 놀이하듯 즐겁게 표현 활동을 계속 이어갑니다. 이 작은 표현은 창의적이고, 자기 인생의 주인공이 되는 밑거름이 됩니다.

함께 키우는 미래 :
유치원과 가정이 잇는 교육의 다리

"아이 한 명을 키우기 위해서는 마을 전체가 필요하다."

이 유명한 아프리카 속담은 오늘날 우리 교육 현장에 여전히 유효한 진실을 담고 있습니다.

아이 한 명이 건강하고 조화롭게 자라기 위해서는 유치원이라는 교육기관만으로는 충분하지 않습니다. 가정의 품 안에서 시작된 양육이 유치원이라는 사회적 공간과 조화를 이루고, 서로 연결될 때 아이는 혼란 없이 건강하게 성장할 수 있습니다.

유아기의 교육은 지식의 축적보다는 전인적 성장에 초점이 맞추어져야 합니다. 그리고 전인적 성장은 단 하나의 공간, 단 하나의 관계 안에서만 이뤄질 수 없습니다. 부모와 교사, 가정과 유치원이 서로 '연결된 관계'를 이루고 있을 때, 아이는 그 안에서 사랑받고 존중받으며 자신감을 키워나갑니다. 이 장에서는 유치원과 가정이 어떻게 하나의 교육적 공동체로 협력할 수 있는지를 살펴보며, 부모와 교사가 함께 아이의 미래를 키우는 지혜에 대해 나누고자 합니다.

유치원은 아이의 첫 번째 사회입니다

가정은 아이가 처음 만나는 세계입니다. 그곳에서 아이는 사랑받고, 보호받으며, '나는 소중한 존재'라는 자아의 기초를 형성합니다. 그러다 유치원에 들어서며 아이는 생애 처음으로 부모 외의 사람들과 관계를 맺고, 새로운 환경에 적응하며 사회생활을 시작합니다.

이때 유치원은 단순한 '교육기관'이 아닌, 아이에게는 '사회적 첫 번째 마을'입니다. 그곳에서 아이는 규칙을 배우고, 친구를 사귀며, 기다림과 나눔을 익히고, 협동과 갈등을 경험합니다. 말 그대로 인간으로 살아가기 위한 첫 연습장이 되는 것입니다.

이 시기의 사회 경험이 아이에게 긍정적으로 작용하려면, 무엇보다 중요한 것은 유치원과 가정이 서로의 역할과 관점을 이해하고 존중하는 것입니다. 교사만 교육의 주체가 아니고, 부모만 양육의 중심이 되어서는 안 됩니다. 함께 키우는 관계, 잇는 다리가 되어야 아이는 일관된 경험 속에서 안정감을 느끼며 성장할 수 있습니다.

아이는 통합된 경험을 원합니다

"유치원에서는 혼자 해보라고 하는데, 집에서는 도와준다고 했어요."

"선생님은 친구랑 차례를 지키라고 하셨어요. 그런데 엄마는 '그냥 빨리해라!'라고 하셨어요."

아이의 말속에서 우리는 작은 혼란을 읽을 수 있습니다. 어른은 상황마다 다른 판단이지만, 아이는 혼란스럽기만 합니다. 아이는 '일관된 기준'을 통해 세상을 이해하고자 합니다. 유치원에서 강조하는 생활 습관, 언어 표현, 문제해결 방식이 가정에서도 비슷한 방식으로 이어질 때, 아이는 세상에 대한 안정된 인식을 형성할 수 있습니다.

즉, 유치원과 가정이 말과 행동, 기대 수준에서 일관성을 가져야 아이가 혼란 없이 사회화 과정을 겪을 수 있습니다. 아이는 자신이 두 세계에 속해 있다는 것을 인식하고 있으며, 그 두 세계가 서로 갈등하거나 충돌할 때 불안을 느낍니다. 반대로 두 세계가 조화롭게 연결되어 있을 때, 아이는 든든한 울타리 안에서 자라고 있다는 안도감을 경험하게 됩니다

교사와 부모, 함께 길을 묻다
"아이의 행동이 달라졌어요."
"가정에서는 잘하는데, 유치원에서는 좀 다른 모습이네요."
교사와 부모는 아이를 마주하는 서로 다른 창문을 가지고 있습니다. 유치원에서는 또래 관계에서 드러나는 사회성, 협동력, 감정 조절력 등이 두드러지고, 가정에서는 아이의 기질과 심리적 안정감, 애착 관계가 더 도드라집니다.

이 두 관점을 연결하면, 더 깊이 있는 아이의 모습을 볼 수 있습니다. 예를 들어, 유치원에서 산만하다고 평가된 아이가 가정에서는 조용히 집중하는 모습을 보일 수 있고, 반대로 가정에서는 고집이 세지만 유치원에서는 순응적인 경우도 있습니다.

이때 중요한 것은 서로 판단하거나 탓하는 것이 아니라, 정보를 나누고 함께 아이의 모습을 해석하는 것입니다. 교사는 부모의 말을 경청하고, 부모는 교사의 전문성을 신뢰할 때 아이에게 최적의 성장 환경이 만들어집니다. 아이를 진심으로 걱정하는 두 존재가 마음을 모으면, 아이는 더 안정되고 건강하게 성장합니다.

소통은 신뢰를 만들고, 신뢰는 아이를 자라게 합니다
부모와 교사 사이의 신뢰는 단번에 생기지 않습니다. 그것은 작

은 소통의 반복과 경험을 통해 형성됩니다. 아이가 유치원에 적응하는 초기, 작은 행동 변화, 생활 습관이나 친구 관계에 대한 이야기를 나누는 순간순간이 신뢰를 쌓는 기회입니다.

교사의 일방적인 전달이나, 부모의 지시적 요구는 양방향 소통을 방해합니다. 대신, '함께 궁금해하고', '함께 해결책을 찾아가는' 자세가 필요합니다. 예를 들어 "우리 아이가 요즘 유난히 피곤해 보여요. 혹시 유치원에서 특별히 달라진 점이 있을까요?"와 같이 부드럽게 질문하고, 교사는 "최근 새로운 활동이 시작되어서 그런 것 같아요. 조금 지쳐 보이긴 했어요."라고 답하며 서로 관찰한 내용을 공유할 수 있습니다.

또한, 아이의 성장을 축하하고 기뻐하는 메시지를 함께 나눌 때, 부모와 교사 간의 관계는 따뜻한 신뢰로 더욱, 단단해집니다.

"오늘 ○○가 친구에게 먼저 양보했어요. 감동받았답니다."

"최근 집에서도 동생을 잘 챙기더라고요. 유치원에서 그런 연습을 했나 봐요."

이런 대화는 아이에게도 긍정적인 영향을 줍니다. 자신이 사랑받고 있다는 느낌, 가정과 유치원이 연결되어 있다는 안정감은 아이의 자존감을 키워줍니다.

가정과 유치원이 협력할 때 가능한 교육

유치원에서는 아이의 하루 대부분이 정해진 일정에 따라 진행됩니다. 반면 가정에서는 비교적 자유로운 환경 속에서 개별화된 관심과 보호를 받습니다. 이 두 공간은 서로 다른 특성을 갖고 있지만, 그 차이가 서로를 보완할 수 있다면 더욱 풍성한 교육이 됩니다.

예를 들어, 유치원에서는 규칙을 지키고 또래와 어울리는 훈련이 자연스럽게 이루어지는 반면, 가정에서는 아이의 감정을 세심하게 읽어주는 맞춤형 정서 지지가 가능합니다. 유치원에서 배운 생활 습관이나 놀이 중심 활동이 가정에서도 자연스럽게 이어질 수 있도록 하는 것이 중요합니다. 예를 들어, 유치원에서 감자 키우기를 했다면, 가정에서도 화분 하나를 놓고 아이와 함께 물을 주며 관찰해보는 연계를 만들어 줄 수 있습니다.

또한, 유치원에서는 친구들과의 관계 속에서 성장하고, 가정에서는 그 성장을 인정받고 응원받는 구조가 마련된다면 아이는 더욱 안정되고 자신감 있는 존재로 자라납니다.

함께 키우는 미래를 위하여

아이 한 명을 키우는 일은 결코 혼자의 힘으로 될 수 없습니다. 가정에서의 사랑과 관심, 유치원에서의 교육과 돌봄, 그 둘이 어우러질 때 비로소 '교육의 다리'가 놓입니다. 그 다리는 아이에게 단단한 기반이 되고, 아이는 그 다리 위에서 당당하게 세상과 연결되며 살아갈 힘을 얻습니다.

오늘의 교육은 내일의 사회를 준비하는 일입니다. 유아기의 경험은 그 자체로 미래를 위한 자산이 됩니다. 부모와 교사가 함께 손을 맞잡고 아이의 성장을 응원한다면, 아이는 혼란 없는 일관된 세계 속에서 자신을 발견하고, 세상을 향해 한 걸음씩 나아갈 수 있을 것입니다.

부모님께서는 오늘 유치원에서 아이가 한 경험을 귀 기울여 들어주세요. 선생님들께서는 오늘 부모와 함께 나눌 수 있는 작은 메시지를 생각해보세요. 그 작은 다리 하나하나가 모여, 아이에게는 평생 잊지 못할 따뜻한 세상의 기억이 됩니다. 우리는 함께 아이의 미래를 키우는 동반자입니다.

교사는 두 번째 부모, 부모는 첫 번째 교사 : 함께 키우는 지혜

'부모'와 '교사'의 경계에서 길을 묻다

아이를 키우는 여정에서 가장 중요한 두 존재는 바로 부모와 교사입니다. 부모는 아이에게 사랑과 삶의 기초를 제공하는 '첫 번째 교사'입니다. 그리고 교사는 부모의 품을 떠나 사회로 나아가는 아이에게 또 다른 울타리가 되어주는 '두 번째 부모'입니다. 이 두 존재는 각자의 정체성을 가지고 있지만, 그 역할은 깊이 연결되어 있습니다. 부모가 사랑과 신뢰로 아이를 지지한다면, 교사는 그 기초 위에 사회적 관계, 규칙, 배움의 즐거움을 덧붙여 줍니다. 두 존재는 마치 새의 양 날개처럼, 아이가 균형 잡힌 성장을 이루도록 함께 날아야 합니다.

부모와 교사. 그 사이에서 우리는 질문을 던지게 됩니다.

"나는 지금 아이의 첫 번째 교사로서, 또는 두 번째 부모로서 어떤 역할을 하고 있는가?"

이 질문은 단지 역할 분담의 차원이 아니라, 함께 키우는 교육의 본질을 향한 물음입니다.

부모는 아이에게 첫 번째 학교이자 첫 번째 교사입니다

부모는 아이가 세상에 태어나는 순간부터 교육을 시작합니다. 말을 걸어주고, 안아주고, 함께 웃고 울어주는 모든 순간이 바로 '가르침'입니다. 부모의 눈빛, 말투, 손길 하나하나가 아이의 마음속에 삶의 기초를 쌓아 올립니다.

"괜찮아, 다시 해보자."

이 한마디에 담긴 신뢰는 아이에게 실패를 두려워하지 않는 용기를 줍니다.

"속상했구나. 그래서 그랬구나."

이 말은 아이가 자신의 감정을 인식하고, 표현하는 길을 안내합니다. 부모가 함께 책을 읽고 이야기를 나누는 시간은 문해력의 싹을 틔우는 귀한 교육의 장이 됩니다. 자유롭게 놀이하며 질문을 허용하는 태도는 아이의 창의성과 호기심을 북돋웁니다. 무엇보다 가정은 아이에게 가장 안전하고도 지속적인 울타리입니다. 이 울타리 안에서 아이는 자기 조절력, 애착, 신뢰감을 형성합니다.

따라서 부모는 단지 돌보는 존재를 넘어, '의식 있는 교사'로서의 자리에 서야 합니다.

교사는 두 번째 부모 — 사랑과 전문성의 조력자

유치원 교사는 단순한 교육자가 아닙니다. 매일 같이 아이를 만나고, 그 아이의 말 없는 신호를 읽어주며, 감정을 돌보는 따뜻한 존재입니다. 교사는 가정에서의 교육을 잇는 징검다리이자, 아이가 공동체 속에서 살아가는 법을 배우도록 돕는 안내자입니다.

때로는 엄마처럼 안아주고 기다려주며, 때로는 또래 간의 갈등을 중재하고 규칙을 설명하는 리더의 역할을 담당합니다.

무엇보다 교사는 아이를 '객관적으로 바라보는 눈'을 가졌다는 점에서 부모와 다릅니다. 전문적인 지식과 교육적 통찰을 바탕으로 아이의 기질, 성향, 발달 단계에 맞춘 맞춤형 지도를 제공합니다. 이러한 전문성과 따뜻한 돌봄이 결합 될 때, 교사는 '두 번째 부모'로서의 소명을 충실히 감당하게 됩니다.

부모와 교사, 서로의 역할을 이해할 때 교육은 온전해집니다
부모가 모든 것을 혼자 감당해야 할 필요는 없습니다. 교사 또한 아이의 삶 전체를 책임질 수는 없습니다. 아이의 성장은 '가정과 유치원이 같은 방향을 바라볼 때' 비로소 균형을 이룹니다 부모와 교사는 서로 다른 공간에서 아이를 만나지만, 그 목표는 하나입니다. 바로 아이가 건강하고 조화롭게 성장하는 것입니다. 이를 위해 다음과 같은 영역에서 서로 협력할 수 있습니다.

먼저 정서 발달의 영역에서는 부모가 아이의 감정을 먼저 인정하고 따뜻하게 경청해주는 역할을 합니다. 예를 들어, 아이가 속상해할 때 "그랬구나, 정말 마음이 아팠겠다"라는 말 한마디는 아이에게 큰 위로가 됩니다. 이러한 부모의 지지는 유치원에서 교사는 감정코칭과 갈등 중재로 이어집니다.

교사는 아이가 자신의 감정을 인식하고 조절할 수 있도록 도와주며, 친구와의 갈등 상황에서는 중립적 입장에서 감정을 조율하도록 지도합니다. 생활 습관 형성에 있어서 부모는 가정에서의 기초 생활 습관을 세워주는 첫 번째 책임자입니다. 정해진 시간에 일어나기, 식사 예절을 지키기, 스스로 옷을 입는 등의 기본적인 습관은 가정에서 자연스럽게 이루어져야 합니다.

이러한 습관이 유치원에서는 교사의 일관된 규칙 적용과 함께 유지되며, 아이가 다양한 환경에서도 안정적으로 생활할 수 있는 힘이 됩니다.

문해력과 언어 발달의 측면에서는 부모가 아이와 함께 책을 읽고 이야기를 나누는 시간이 매우 중요합니다. 이러한 대화는 어휘력을 넓히고, 생각을 말로 표현하는 힘을 길러줍니다. 유치원에서는 교사가 주제 활동을 통해 말하기와 듣기 훈련을 하며, 아이의 언어 표현 능력을 더 체계적으로 발전시켜 줍니다. 부모와 교사가 함께 관심을 기울일 때, 아이는 말과 글의 세계를 즐겁게 탐색하게 됩니다.

또한, 사회성 발달에 있어 부모는 집 안에서 양보하고 기다리는 법을 가르칩니다. 형제자매와의 관계 속에서 배려와 협력의 자세를 배우게 되는 것이지요. 교사는 이러한 기초를 바탕으로 유치원 내 또래 친구들과의 관계를 지도합니다. 역할놀이, 집단 활동 등을 통해 사회적 규범과 갈등 해결 능력을 자연스럽게 익히도록 돕습니다.

마지막으로 창의성의 발달에서는 부모가 아이의 질문을 존중하고 자유로운 놀이를 허용하는 태도가 중요합니다. 아이의 엉뚱한 상상과 끝없는 '왜요?'에 귀 기울이며, 탐구의 싹을 키워주는 것이지요. 이러한 환경은 유치원에서 다양한 탐색 활동으로 이어집니다. 교사는 미술, 음악, 과학 활동 등을 통해 아이의 호기심과 창의력을 더욱 확장시켜 줍니다.

이렇듯 부모와 교사가 각자의 공간에서 역할을 다하면서도, 서로를 신뢰하고 협력할 때 아이의 성장 환경은 분열되지 않고 통합된 방향으로 나아갑니다. 부모의 품에서 시작된 배움은 교사의 손에서 사회적 경험으로 이어지며, 두 사람의 따뜻한 협력이 아이의 전인적 성장을 가능하게 합니다.

부모와 교사가 '같은 언어'를 사용하고, '같은 방향'을 제시할 때 아이는 혼란 없이 안정감을 느낍니다. 가정에서는 허용되고 유치원에서는 금지되거나, 그 반대의 상황이 반복될 경우, 아이는 내면의 갈등을 겪게 됩니다.

예를 들어, 가정에서 "네 감정은 소중해"라고 말해주고, 유치원에서 "그럴 땐 이렇게 말해보자"라고 안내한다면, 아이는 자신의 감정을 신뢰하고 적절하게 표현하는 능력을 자연스럽게 익히게 됩니다.

일관성은 가장 강력한 교육 방법입니다. 감정 표현, 습관 형성, 관계 맺기 등에서 부모와 교사가 비슷한 언어와 태도를 유지하는 노력이 필요합니다. 이를 위해 서로를 이해하고 지속적인 소통과 조율의 과정이 중요합니다.

함께 키우는 지혜- 존중, 소통, 협력

부모와 교사는 서로의 역할을 대신할 수 없습니다. 그러나 손을 맞잡을 때, 아이는 더 넓고 단단한 울타리 안에서 성장할 수 있습니다. 함께 키우는 지혜의 세 가지 핵심은 다음과 같습니다.

존중: 부모는 교사의 전문성을, 교사는 부모의 애정을 존중합니다.
소통: 아이의 변화와 어려움을 함께 나누며, 서로의 관점을 이해하려는 노력이 필요합니다.
협력: 문제 상황을 함께 고민하고, 해결을 위한 실천 방안을 함께 찾아갑니다.

부모는 "아이를 가장 잘 아는 사람"이고, 교사는 "아이를 객관적으로 바라보며 지도할 수 있는 사람"입니다. 이 두 시선이 겹쳐질 때, 아이에 대한 더 깊은 이해와 더 나은 지도가 가능해집니다.

아이의 성장은 단순히 한 사람의 노력으로 이루어지지 않습니다. 부모가 심은 애정의 씨앗 위에 교사는 따뜻한 햇빛과 물을 주고, 그 속에서 아이는 뿌리를 내리고, 꽃을 피우고, 열매를 맺습니다.

그래서 우리는 이렇게 말할 수 있습니다.

"부모는 아이의 첫 번째 교사이고, 교사는 아이의 두 번째 부모입니다."

가정과 유치원이 손을 맞잡고, 아이의 하루하루를 정성껏 돌볼 때 그 작은 날들이 모여 아이의 인생을 바꾸는 진정한 교육이 완성됩니다. 아이의 성장은, 함께하는 손길 속에서 시작됩니다. 부모와 교사가 함께 날개를 펼쳐야 아이는 자유롭게, 그리고 균형 있게 하늘을 날 수 있습니다.

에필로그

빠르고 많은 변화가 쉼 없이 일어나는 시대에 우리는 살고 있습니다. 우리가 키우는 아이들은 지금보다 훨씬 더 빠르고 복잡한 변화 속에서 살아가야 할 것입니다. 이런 시대에 아이들을 어떻게 교육을 해야 할지 교육자로서 고심하게 됩니다.

빠르게 변화하고 흔들리는 세상 속에서 교육의 방향성과 방법을 돌아보고, 단단히 뿌리를 내릴 수 있도록 돕는 교육, 뿌리가 흔들리면 삶 전체가 흔들리기 때문입니다.

기술보다 사람이 더 소중한 세상, 함께 살아가는 지혜를 키우는 교육, 아이 안의 잠재력을 이끌어 내주는 교육, 창의적 상상력과 함께 자신의 미래를 꿈꿀 수 있도록, 자신감과 자존감, 정서적 안정감의 내적 힘을 키워주는 교육, 결정적 시기와 민감기 발달 단계에 꼭 필요한 균형진 교육, 학부모님과 선생님들을 돕고 '뿌리 깊은 아이로 키우기'를 목표로 하였습니다.

1장의 인성교육과 함께 하는 지혜에서는 4차 산업혁명이라는 기술 중심의 시대에, 인성교육이야말로 뿌리 교육입니다. 공감과 관계를 맺는 힘, 협력과 긍정과 감사는 행복과 건강한 몸과 마음으로 살아가는 힘을 줍니다. 사회정서 지능의 중요성과 실천 방법들을 담았습니다.

2장의 인문학과 함께하는 지혜에서는, "인간다움이란 무엇인가"라는 질문을 인문학의 눈으로 바라보았습니다. 삶에 대한 호기심, 질문하는 힘, 창의적인 상상력과 표현력, 공감하는 태도는 기술과 기계가 대체할 수 없는 인간만의 소중한 능력입니다. 아이들이 그림책, 예술, 놀이, 자연과의 교감, 프로젝트 활동 등을 통해 세상을 알아가고, 자신을 표현하며 더불어 살아가는 방법을 배우는 과정을 소개했습니다.

3장 성경에서 얻는 통찰은, 6천 년 인류의 역사가 담긴 성경의 지혜를 따라 아이와 부모가 함께 성장하는 과정을 되돌아보았습니다. 하나님의 깊은 사랑은 자녀를 통해 부모도 성장하게 하시고, 그 사랑 안에서 흔들리지 않는 양육의 기준과 방향을 세울 수 있음을 다루었습니다.

4장 두뇌 과학에서, 눈부신 과학의 발전으로 밝혀진 두뇌 발달의 원리와 감정과 언어의 상호작용이 아이의 두뇌에 미치는 영향을 알 수 있었습니다. 사회정서이론, 발달심리학, 교육학, 그리고 성경의 진리가 두뇌과학과 어떻게 연결되고 증명되는지를 함께 담았습니다.

5장에서는, 가정과 교육기관이 같은 방향으로 협력할 때, 아이의 삶이 어떻게 더 건강하고 행복해지는지를 이야기했습니다. 사랑과 신뢰로 연결된 부모와 교사, 그 관계 속에서 아이는 뿌리를 깊이 내리고 흔들리지 않으며, 결국, 자신의 열매를 풍성하게 맺게 됩니다.

이 책은 0~7세까지, 결정적 시기와 민감기의 소중한 아이들을 키우는 부모님과 선생님을 위한 책입니다. 공감과 지지, 격려와 감사, 긍정과 기쁨의 언어로 아이와 함께할 때, 아이들은 물론 부모와 교사, 가정 전체에 건강과 행복이 깃들게 됩니다. 부모와 교사의 따뜻한 상호작용은 아이에게 정서적 안정감을 심어주고, 자존감과 자신감을 키우며, 창의적인 표현력과 삶의 가능성을 꽃피우게 합니다.

아이들의 성장은 겉으로 드러나는 모습보다, 그 안에 숨겨진 마음과 생각, 내면의 힘에서 시작됩니다. 인성은 물론, 자신감과 창의성 그리고 진정한 행복 역시 아이의 내면에서 자랍니다.

저는 유아 교육자로서, 모든 아이 안에 숨겨진 천재성과 가능성, 그리고 고유한 창조적인 힘을 믿습니다. 유아기는 그 가능성을 키우는 시기입니다. 아이의 마음밭에 따뜻한 빛을 비추고, 사랑과 믿음으로 함께 걸어가는 이 길에 이 책이 작은 도움이 되기를 바랍니다.

이 책을 쓰게 하신 하나님께 감사드립니다.

책이 나오기까지 늘 함께 응원해 준 남편과 두 아들, 며느리와 사랑스러운 손녀에게, 또 아이들과 함께 기쁘게 헌신하며 이론을 실천으로 꽃피워 주는 신명유치원의 선생님들께도 깊이 감사드립니다.